LEYENDAS DE LA UFC

DE ILIA TOPURIA AL FENÓMENO GLOBAL

@marcmma
Marc Perujo

LEYENDAS DE LA UFC

DE ILIA TOPURIA AL FENÓMENO GLOBAL

Rocaeditorial •

Penguin
Random House
Grupo Editorial

Primera edición: abril de 2026

© 2026, Marc Perujo
© 2026, Roca Editorial de Libros, S. L. U.
Travessera de Gràcia, 47-49. 08021 Barcelona
© Shutterstock, por la ilustración de la reja

Printed in Spain – Impreso en España

ISBN: 979-13-87629-67-0
Depósito legal: B-1.292-2026

Compuesto en Grafime, S. L.

Impreso en Gómez Aparicio, S. L.
Casarrubuelos (Madrid)

RE 29670

A mis padres, por siempre confiar
más en mí que yo mismo

Índice

TERCERA PARTE:
EL MATADOR: UN ANTES Y UN DESPUÉS

Introducción

No soy periodista. Ni peleador profesional. Este libro lo escribe alguien a quien le encanta contar historias y que encontró en las MMA, y especialmente en la UFC, la mejor manera de canalizar una pasión que siempre sentí pero que nunca me atreví a explorar de verdad.

Las historias mueven el mundo. Creo que eso lo entendí sin darme cuenta desde muy pequeño, cuando escuchaba los programas de fútbol en la radio y me imaginaba siendo uno de esos locutores que transmitían su devoción por un deporte a millones de oyentes.

Dos décadas después, concretamente en 2022, y tras llevar un par de años siguiendo el deporte de las artes marciales mixtas, me di cuenta de que había llegado la hora de poner en marcha esa pasión que llevaba mucho tiempo encerrada dentro de mí. Por eso, decidí comenzar mi aventura en

TikTok, sin tener muy claro a dónde me iba a llevar. Poco sabía aquel Marc del viaje en el que acababa de embarcarse.

Tan solo medio año después, en abril de 2023, tuve el honor de ser invitado por Movistar Plus a un evento de Ilia Topuria, donde pude entrevistarlo. Aquello fue solo el principio, porque, con mi salto a YouTube a finales de ese año, todo empezó a descontrolarse.

Gracias a los vídeos en los que cuento algunas de las historias más emocionantes ocurridas a lo largo de la historia en la UFC, he podido hacer de aquella pasión del pequeño Marc de siete años una profesión. Esa es mi aportación al mundo de las MMA. No puedo hacer análisis técnicos exhaustivos como los haría un peleador ni enseñar a nadie cómo encajar mejor una llave de brazo. No tengo ni las cicatrices ni la experiencia de alguien que ha estado dentro del octágono, pero sí las ganas de contar las historias que hacen que este deporte sea único. Y me alegra mucho cada vez que un seguidor me cuenta emocionado que, gracias a mi contenido, se ha hecho fan del deporte, se ha vuelto más aficionado o ha recuperado las ganas de ver MMA.

Estoy convencido de que con estas páginas ocurrirá lo mismo. Del mismo modo que en su momento vi una oportunidad de crear vídeos sobre las mejores historias de la UFC, ahora que las siglas de la compañía son ya reconocidas por una gran parte del público, siento que es el momento perfecto para un libro como este. Un libro que llega en pleno auge mundial de las MMA, especialmente en España, donde el deporte ha pasado de ser prácticamente desconocido, y hasta rechazado por las masas, a convertirse en uno de los más seguidos.

Si has llegado hasta este libro sin conocerme, bienvenido. Las historias que leerás aquí son solo una pequeña muestra de lo que un seguidor de la UFC ha podido vivir, sentir y presenciar en los últimos años, pero también las que han hecho de la UFC un fenómeno mundial. Historias que no van únicamente de los combates en sí, sino de personas, curiosidades, sorpresas y rivalidades que cambiaron el deporte para siempre. Y si ya me sigues desde hace tiempo, reconocerás algunos relatos de los que aparecen aquí; otros son inéditos en este libro.

En estas páginas recorreré la historia de las artes marciales mixtas y de la UFC desde sus inicios hasta la actualidad, repasaremos las anécdotas que merecen ser inmortalizadas y, al final, miraremos hacia el presente, analizando cómo la influencia de Ilia Topuria y su irrupción como campeón de la UFC han marcado un antes y un después para este deporte en España.

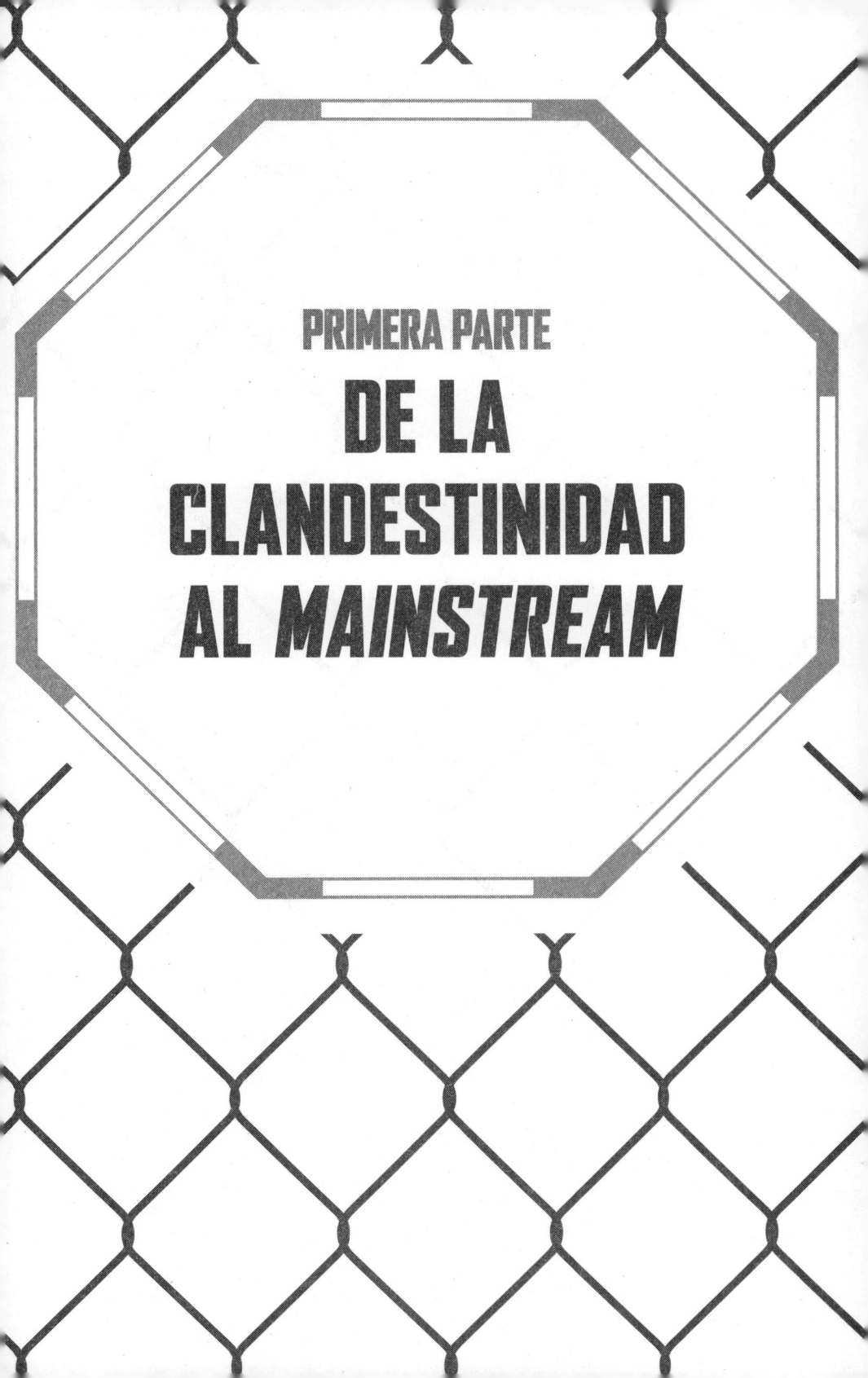

PRIMERA PARTE

DE LA CLANDESTINIDAD AL *MAINSTREAM*

1

ORÍGENES DE LAS MMA

Las artes marciales mixtas, conocidas como MMA (por *Mixed Martial Arts*), no surgieron de la noche a la mañana en los años noventa. Su concepto fundamental, combinar técnicas de combate de distintas disciplinas, tiene raíces ancestrales y multiculturales. De hecho, **las MMA modernas pueden rastrearse hasta los combates sin restricciones en civilizaciones antiguas como la China imperial y la Grecia clásica.**

En la antigua China, existió un tipo de combate sin restricciones conocido como *lei tai*, una modalidad basada en peleas sobre una plataforma elevada en la que casi todo estaba permitido. La derrota podía llegar por rendición, incapacidad para continuar, expulsión de la plataforma o, en algunos casos, la muerte del oponente.

Por su parte, en la Grecia clásica se practicaba el pancracio (*pankration*), introducido en los Juegos Olímpicos Antiguos en el siglo VII a. C. (648 a. C.). El pancracio combinaba las dos disciplinas de combate más populares de la época, la lucha y el boxeo, en un solo deporte.

Los pancraciastas podían emplear prácticamente cualquier técnica de golpeo y de lucha cuerpo a cuerpo, y solo se prohibían actos como morder o atacar los ojos del oponente. Un combate de pancracio terminaba cuando uno de los luchadores se rendía, quedaba inconsciente o, en casos extremos, fallecía.

También hay pruebas de que existieron prácticas similares en otras culturas antiguas en distintas partes del mundo. En la India, por ejemplo, existían artes de combate que incluían tanto golpes como agarres, mientras que en Egipto algunos relieves muestran escenas de luchadores en posturas que recuerdan al deporte de lucha cuerpo a cuerpo que todos conocemos hoy en día.

> En resumen, la idea de enfrentar a dos seres humanos usando múltiples estilos de combate es tan ancestral como la civilización misma.

Sin embargo, aunque en la Antigüedad existieron combates mixtos, lo que terminó por arraigar durante siglos fueron las artes marciales practicadas de manera independiente. Cada cultura consolidó la suya: en Japón se expandió el judo; en China floreció el kung-fu; en Tailandia, el *muay thai*; en Europa, la lucha grecorromana; en Inglaterra, el boxeo moderno, y en Estados Unidos, el *catch wrestling*. Estas disciplinas se convirtieron en espectáculos de masas, relegando el duelo entre estilos a la irrelevancia.

LA SEMILLA DE LAS MMA

Tras siglos de prácticas tradicionales por separado, a finales del XIX resurgió el interés por enfrentar distintos estilos de combate. En Europa, por ejemplo, comenzaron a organizarse espectáculos de lucha y boxeo en circos y teatros, y, a comienzos del siglo XX, estos desafíos también se hicieron habituales en Estados Unidos.

En paralelo, en Brasil surgió el antecedente más claro de lo que hoy conocemos como MMA: el *vale tudo* (expresión portuguesa que significa literalmente «vale todo»).

En el *vale tudo*, como su propio nombre indica, estaba permitido prácticamente todo: golpes con puños y pies, derribos, llaves y estrangulaciones. En la práctica, **el *vale tudo* anticipó el concepto de «arte marcial mixta» décadas antes de que ese término existiera.**

Este tipo de combates, con reglas casi inexistentes, se comenzaron a ver a principios del siglo XX, pero fue la familia Gracie la que lo llevó a otro nivel.

Los Gracie practicaban una versión propia del *jiu-jitsu*, adaptada a partir del judo y del *jiu-jitsu* japonés, que con el tiempo pasó a llamarse *jiu-jitsu* brasileño o BJJ.

Para demostrar que su estilo funcionaba contra cualquier otra disciplina, organizaron el famoso Desafío Gracie. En este enfrentamiento, la familia retaba abiertamente a boxeadores, luchadores, karatecas o practicantes de cualquier arte marcial a combates sin prácticamente regla alguna. Estos duelos comenzaron a darse en los propios gimnasios y garajes de los Gracie, pero, debido al auge en popularidad, pronto saltaron a escenarios mucho más grandes.

Uno de los momentos que hicieron historia fue el combate de 1951 entre Hélio Gracie y Masahiko Kimura, uno de los judokas más respetados de Japón. Que un judoka de élite viajara a Brasil para enfrentarse a los Gracie daba una dimensión internacional del crecimiento de los duelos «estilo vs. estilo». Kimura derrotó al brasileño aplicando una llave de brazo que, desde entonces, lleva su nombre. Esta pelea es considerada como una de las más simbólicas e influyentes de la historia de las artes marciales.

La transición de desafíos aislados a un deporte organizado de artes marciales mixtas surgió en distintos países casi al mismo tiempo. En 1985, en Japón, se fundó Shooto, considerada la primera organización formal de MMA aún activa.

Unos años después, en 1993, nació en Tokio otra liga pione-ra llamada Pancrase, que debutó en septiembre de ese año, apenas dos meses antes del nacimiento de la UFC.

Todo este movimiento global fue el caldo de cultivo per-fecto para el nacimiento de un nuevo deporte. Y sería preci-samente en Estados Unidos donde ese caldo de cultivo ter-minaría de hervir, dando lugar al evento que cambiaría la historia para siempre: el UFC 1.

2

UFC 1, EL NACIMIENTO DEL CAOS

El origen de la UFC tuvo lugar en la mente inquieta de un publicista y empresario llamado Art Davie.

Este estadounidense, nacido en 1947, en su juventud practicaba boxeo de forma *amateur*. Un día, en la playa, conoció al amigo de un amigo que practicaba lucha. Este desconocido, a modo de juego, demostró a Art que su entrenamiento de boxeo no le servía de nada a la hora de defenderse de derribos, ya que se lo llevaba al suelo a placer. Entonces se le encendió la bombilla de crear en un futuro su propio torneo de ocho peleadores venidos de distintas disciplinas para ver cuál dominaba al resto.

Un buen día de 1992 y por razones que nadie sabría explicar, Art Davie estaba leyendo *Playboy*. Ahí se topó con un reportaje que hablaba de una familia brasileña practicante del *brazilian jiu-jitsu* que retaba a cualquiera artista marcial bajo el nombre de Desafío Gracie. Ese mismo año, Davie decidió viajar hasta California para conocer al responsable de aquello. Allí lo esperaba Rorion Gracie, embajador del *jiu-jitsu* familiar en Estados Unidos.

El brasileño no pareció muy convencido con esa idea de

un torneo entre ocho hombres, pero, finalmente, Davie pudo traerle a su barco.

El publicista trató de vender esta idea a plataformas como HBO, ESPN o Showtime, quienes rechazaron la propuesta. Fue entonces cuando **Semaphore Entertainment Group** (SEG), la empresa de Bob Meyrowitz, se interesó en producir el evento bajo el modelo de pago por visión. Con el concepto de Art Davie, el aval de Rorion Gracie y la infraestructura televisiva de Meyrowitz, nació lo que hoy conocemos como la UFC. Por esa razón, la propia organización reconoce a los tres como cofundadores.

En el desarrollo del concepto, se barajaron varios nombres (War of the Worlds, World's Best Fighter), hasta que se acordó el definitivo Ultimate Fighting Championship (UFC).

En la promoción del evento, se diseñó un cartel con la leyenda THERE ARE NO RULES («aquí no hay reglas»), subrayando la naturaleza sin límites del espectáculo.

El elemento visual más distintivo de aquella velada surgió con la creación del octágono, una jaula metálica de ocho lados donde se realizarían las peleas.

El evento inaugural, llamado «UFC 1: The Beginning», se llevó a cabo en noviembre de 1993, en Denver, Colorado. La elección de este estado en concreto no fue casual. Colorado no exigía licencias deportivas para este tipo de peleas, permitiendo así combatir sin apenas reglas.

El torneo fue pensado para que ocurriera todo en un mismo día. Ocho luchadores de artes marciales variadas competirían entre ellos siguiendo un formato de eliminación directa (cuartos de final, semifinales y final).

Las ocho artes marciales de aquella noche fueron las siguientes: sumo, *kickboxing*, karate, *jiu-jitsu* brasileño, taekwondo, boxeo, *savate* y *shootfighting*.

Las peleas se libraron sin limitaciones de peso, sin jueces ni *rounds* predeterminados. Es decir, los competidores debían terminar el combate por sumisión, nocaut o abandono.

Este evento tan novedoso causó furor entre el público local, ya que **llegaron a acudir hasta 7.000 espectadores para presenciar algo jamás visto.**

Los asistentes pudieron ser testigos de cómo volaron dientes (literalmente) o de cómo el competidor más pequeño de todos, llamado Royce Gracie, vestido con su curioso kimono, ganó a sus rivales con una facilidad casi insultante, aunque estos le doblasen en tamaño. De este modo, Royce se coronó como el primer campeón en la historia de la UFC, y su victoria impulsó inmediatamente la reputación del *jiu-jitsu* brasileño en Estados Unidos.

La noche fue un éxito comercial inesperado, ya que, pese

a no contar con apenas publicidad que anunciase el evento, casi noventa mil personas compraron el acceso a ese UFC 1 por televisión de pago, el triple de lo que habían estimado los fundadores. El evento, además, se distribuyó en videoclubes (por ejemplo, Blockbuster), lo que expandió aún más su audiencia inicial.

El éxito fue tan rotundo que, pese a ser una idea concebida para llevarse a cabo tan solo una vez, se vieron obligados a repetir la fórmula. Y la apuesta les salió bien, ya que la combinación de curiosidad morbosa y espectáculo hizo que los primeros eventos de UFC tuvieran una buena recaudación en PPV (pago por visión).

No obstante, ese triunfo también empezó a generar reacciones negativas. La dureza de los combates y la falta de regulación hicieron que políticos y medios de comunicación reaccionaran con furia.

3

CONTROVERSIA Y MALA REPUTACIÓN

Esa furia mediática no tardó en transformarse en una nueva ofensiva política. En 1996, la polémica llegó hasta el Senado de Estados Unidos. Figuras tan importantes como el senador John McCain comenzaron a calificar el espectáculo como «peleas de gallos humanas» y a presionar ferozmente para su prohibición. Decidido a ponerle punto final a algo que él creía barbárico, envió cartas a los gobernadores de los cincuenta estados pidiéndoles que vetaran estos eventos «no deportivos». La presión surtió el efecto deseado.

En 1997, hasta treinta y siete estados habían ilegalizado los eventos descritos como «no-holds-barred» («combate sin reglas»). McCain, quien en ese momento asumió la presidencia de la comisión del Senado que supervisaba la televisión por cable, seguro que tuvo algo que ver en el veto a la UFC que interpusieron las principales compañías de televisión y PPV. Aquello significó un golpe terrible para los intereses de la UFC, quien dependía en gran medida de los ingresos generados por esta última vía.

En medio de este asedio institucional, la estructura interna de la compañía había sufrido fracturas. Ya en 1995 los fundadores originales, Art Davie y Rorion Gracie, ante la incertidumbre del proyecto, vendieron sus participaciones a Semaphore Entertainment Group (SEG), la empresa del tercer fundador en discordia, Bob Meyrowitz. Davie continuó colaborando en la gestión durante un tiempo, aunque ya sin ser propietario.

Sin la distribución nacional, la audiencia y los ingresos cayeron en picado. Muchos peleadores, al ver incierto el futuro de la promoción, abandonaron la UFC en busca de otras oportunidades. La bola de nieve hacia la desaparición se hacía cada vez más grande. En ese momento, la reputación de la UFC, y por ende de las MMA, se encontraba por los suelos. Todos sus enemigos estaban logrando estigmatizar el deporte hasta el extremo.

Bob Meyrowitz no quiso tirar la toalla, y peleó con uñas y dientes para intentar legitimar al deporte. Debía lograr la aprobación de las comisiones atléticas de cada estado y así legitimarse ante las televisiones para vender el producto. Para ello, a partir de 1997, la UFC comenzó a implementar una serie de reglas que hacían los combates más seguros y aceptables para las autoridades y el público:

- **Categorías de peso:** en febrero de 1997, en el UFC 12, se introdujeron divisiones de peso por primera vez, separando a los peleadores en categorías para evitar diferencias extremas de tamaño.

- **Uso obligatorio de guantes:** a partir del UFC 14 (julio de 1997), con el objetivo de proteger las manos y de reducir cortes, se exigió que todos los peleadores usaran guantes de artes marciales pequeños y con los dedos descubiertos.

- **Prohibición de movimientos peligrosos:** se agregaron más faltas y golpes ilegales al reglamento. Se vetaron los cabezazos y los golpes a las partes bajas.

- *Rounds,* **tiempo y jueces:** para los UFC 17 y 18 (1998), la organización introdujo límites de tiempo y asaltos, junto con un sistema de jueceo por puntos si los combates llegaban al final.

- **Formato del evento:** gradualmente, se abandonó la velada de una sola noche, los eventos dejaron de centrarse en torneos de eliminatoria y pasaron a ser carteleras de combates individuales. Esto era un requisito vital para que las comisiones atléticas no sancionaran las peleas, ya que a los comisionados no les gustaba que un atleta compitiera varias veces en la misma noche.

Al final, estos cambios empezaron a dar sus frutos, y **la percepción pública comenzó a cambiar lentamente de** «espectáculo sanguinario» a deporte de combate extremo pero regulado.

Otro hito importante ocurrió en el año 2000, cuando la Comisión Atlética de Nueva Jersey se convirtió en la primera en aprobar un reglamento oficial para las MMA. Hasta entonces, cada evento usaba sus propias normas, lo que hacía que el deporte pareciera caótico y poco serio. Con Nueva Jersey estableciendo un conjunto fijo de reglas, por primera vez existía un estándar claro, y ese marco sirvió de modelo para que otras comisiones lo tomaran después como referente. Ese reglamento es, con algunos retoques, el mismo que sigue vigente hoy en día.

A pesar de la evolución en las reglas, la empresa SEG perdía dinero mes a mes intentando mantener vivo el producto. Bob confiaba en que, si lograba que más comisiones atléticas dieran su aprobación, podrían volver a las grandes cadenas de PPV y recuperar al público. Aunque a finales de los noventa la UFC seguía saliendo en algunos sistemas de pago por visión, las distribuidoras más grandes se habían negado a transmitirla, y eso redujo su alcance a una pequeña fracción del público de los primeros años.

El núcleo de seguidores continuaba siendo fiel a la UFC, pero no era suficiente. SEG no pudo lograr el objetivo de rentabilidad, y finalmente se vio obligada a vender la compañía.

La horrible situación económica que atravesaba la empresa no pasó desapercibida por la gente que orbitaba alrededor de ella. Una de esas personas era un tal Dana White, agente del campeón de peso semipesado Tito Ortiz. White se enteró de que Meyrowitz quería vender y vio una oportunidad. Según cuenta el propio Dana, durante una negociación por el contrato de su representado, Bob Meyrowitz prácticamente le confesó: «No hay más dinero…, ni siquiera sé si tengo fondos para hacer el próximo evento».

Nada más colgar el teléfono, White se puso en contacto con un viejo amigo, el magnate de casinos Lorenzo Fertitta, para contarle la increíble oportunidad que se abría ante ellos. Lorenzo, junto a su hermano Frank, no tardó en poner sus ojos en la UFC y en imaginar lo que podría hacer con ella.

4

UN ANTES Y UN DESPUÉS: LA COMPRA POR ZUFFA Y LA LLEGADA DE DANA WHITE

En enero de 2001 los Fertitta se hicieron con el cien por cien de los derechos de la UFC por dos millones de dólares. Para gestionar la nueva propiedad, fundaron la empresa Zuffa, LLC, designando a Dana como presidente, y otorgándole el 10 por ciento de las acciones.

White tenía la visión de hacer de las MMA el deporte más popular del mundo. El fútbol, decía, era un fenómeno global, pero que no acababa de cuajar en Estados Unidos. El críquet es un deporte masivo en ciertas culturas, pero en muchas otras pasa desapercibido, al igual que el fútbol americano u otros tantos deportes.

El combate cuerpo a cuerpo, por otro lado, no tenía barreras culturales, ya que, según Dana, es algo que todo ser humano lleva intrínseco dentro de su ADN.

Con la adquisición de la UFC, Zuffa no obtuvo realmente gran cosa, pues, con tal de no llevar la compañía a la bancarrota, los antiguos dueños habían vendido prácticamente todo.

Zuffa adquirió tan solo las siglas de UFC, un octágono y una plantilla de unos once o doce peleadores. El derecho de distribución de DVD había sido vendido tiempo atrás, al igual que el *merchandising* o el videojuego oficial. Ni siquiera tenían en propiedad el dominio ufc.com, que también había sido vendido a una empresa llamada User Friendly Computers.

Los nuevos dueños se hicieron con una compañía prácticamente en ruinas, pero eso no los desmotivó. Los Fertitta, junto a Dana White, se embarcaron en una aventura donde la UFC pasaría de la clandestinidad a la cima del mundo, aunque el camino no sería fácil ni corto.

MANOS A LA OBRA

Su prioridad inicial fue legalizar y legitimar la UFC en tantos lugares como fuera posible. La empresa adoptó formalmente las Reglas Unificadas de las MMA, un reglamento ya aprobado por las comisiones de Nueva Jersey y Nevada. Ese cambio convertía lo que hasta entonces eran normas «caseras» en un marco regulatorio avalado por organismos estatales, lo que dio al deporte la credibilidad necesaria para volver a negociar con las cadenas de PPV y con los reguladores del resto de los estados.

Aun teniendo el permiso para llevar a cabo sus eventos en cada vez más estados, los locales dispuestos a acoger a la UFC se podían contar con los dedos de una mano debido a la mala reputación de la marca y del deporte. La excepción que confirmó la regla fue un empresario de Nueva Jersey llamado Donald Trump.

En un momento en el que la UFC seguía siendo un producto incómodo para la mayoría de los recintos, Trump, entonces propietario de varios casinos en Atlantic City y acostumbrado a acoger eventos de boxeo y de *wrestling*, conoció el deporte, se hizo fan y vio en la compañía una oportunidad más que un problema. Su casino, el Trump Taj Mahal, se convirtió así en la sede del UFC 30, el primer evento de la nueva etapa bajo el control de Zuffa y con Dana White como presidente. Aquella decisión, con el paso del tiempo, acabó siendo recordada como uno de los primeros apoyos clave a la UFC moderna, en una época en la que muy pocos estaban dispuestos a asociar su nombre a las MMA.

Y no fue un gesto aislado. Con el paso de los años, Donald Trump no solo mantuvo su cercanía con la UFC, sino que se convirtió en un asistente habitual a muchos de sus grandes eventos, siempre sentado junto a Dana White en primera fila. Según el propio White, Trump se enganchó rápidamente a las MMA y pasó de ser un simple anfitrión a un aficionado declarado del deporte.

Con el paso de los meses y los años, el proceso por legitimar las MMA continuó su curso. Sin embargo, el estigma de ser un deporte barbárico estaba muy establecido en gran parte de la sociedad estadounidense, y la gran mayoría de los estados y cadenas de PPV continuaban reacios a acoger a la UFC, a pesar del esfuerzo continuo de la empresa por venderse como un deporte real. Los ingresos por PPV seguían siendo limitados, y la falta de patrocinadores, que también veían con malos ojos asociar su marca a las MMA, hizo de los primeros años de Zuffa un infierno.

En 2005, cuatro años después de adquirir la compañía, los Fertitta tenían un agujero de 44 millones de dólares. Toda la inversión realizada parecía ser en vano: la marca no lograba crecer y seguía lejos de los números logrados en los primeros eventos, cuando el morbo de la novedad aún estaba vigente.

Esas pérdidas eran ya demasiado grandes como para seguir confiando en que algún día lograrían revertir la situación. Lorenzo llegó a tirar la toalla, y se puso en contacto con White para que buscase compradores y así poder salir de la empresa de una vez. Dana creyó que podrían desprenderse de UFC por unos seis u ocho millones. De haberse vendido en ese momento, la inversión de los hermanos con la compra de UFC habría sido un auténtico fracaso. Sin embargo, al día siguiente de aquella llamada, Lorenzo cambió de parecer y decidió resistir un poco más y realizar un último intento por sacar el proyecto a flote.

El objetivo seguía siendo el mismo que el del día uno: llevar la UFC a las grandes televisiones y exponer el deporte a muchas más personas. Como el PPV tenía un alcance muy limitado, los dueños pensaron en alguna forma de llevar la marca a la televisión por cable, con un público mucho más amplio.

Como todas las anteriores estrategias no habían funcionado, decidieron gastar su última bala en un movimiento radicalmente distinto a lo intentado hasta ese momento.

De ahí surgió la idea de un auténtico caballo de Troya: **crear un reality show a lo *Gran Hermano* pero con peleadores.** Semanalmente, competirían entre ellos por llegar a la final para ganarse un contrato con la UFC.

Dieciséis aspirantes, repartidos en dos equipos con ocho de una categoría de peso y ocho de otra, vivirían todos bajo el mismo techo.

La clave estaba en el formato: cada episodio mezclaba drama y convivencia, como les gusta a las grandes audiencias, pero cerraba con lo que realmente interesaba a la compañía, una pelea oficial. **Así nació *The Ultimate Fighter*, la última esperanza de la UFC.**

Ninguna cadena compró la idea; ni siquiera Spike TV, que se vendía como «la televisión de los hombres», quiso acoger el reality. Sin embargo, cuando la UFC, desesperada, se ofreció a pagar la producción completa del programa y entregarlo gratis a cambio de un espacio en su parrilla, la cadena aceptó sin dudar.

Zuffa financiaría íntegramente la producción del reality y Spike se encargaría de emitirlo en un horario estratégico, después del popular show de lucha libre *WWE Raw*.

Sin patrocinadores externos y asumiendo todo el riesgo económico, Zuffa empezó a filmar *The Ultimate Fighter* a finales de 2004 con la esperanza de que este experimento televisivo, que les costó diez millones de dólares, pudiera salvar a la compañía.

El reality fue un éxito desde el primer día. El drama entre peleadores, los combates al final de cada episodio y la figura de Dana White engancharon al público. Sin embargo, las semanas pasaban y la cadena seguía sin firmar una segunda temporada. Volver a los escasos PPV que aún aceptaban a la UFC supondría la ruina. Con esa incertidumbre, se llegó al último programa de la temporada.

EL DÍA D

Hasta ese momento, cada capítulo de *The Ultimate Fighter* incluía un combate al final del programa. Se trataba de peleas reales, pero seguían siendo parte de un reality de televisión. Lo que ocurrió en la final fue distinto. **Por primera vez en la historia, un evento completo de la UFC se retransmitía en la televisión por cable,** con las dos finales del reality dentro de la cartelera: Diego Sánchez contra Kenny Florian y Forrest Griffin contra Stephan Bonnar.

Este no sería un episodio más, sino la gran oportunidad de enganchar a la mayor cantidad de audiencia nueva posible, curiosa por ver un evento de la UFC por primera vez.

Aunque Spike TV emitió toda la cartelera, nada de lo que ocurrió en las primeras peleas consiguió deslumbrar a la audiencia. Y cuando por fin llegaron las finales, la cosa fue aún peor.

Diego Sánchez finalizó a su oponente en cuarenta segundos. Para la UFC, este resultado fue una auténtica decepción. Esa noche no necesitaban un *highlight* fugaz, sino un combate que atrapara a los millones de espectadores que estaban viendo el espectáculo por primera vez en televisión abierta. Un KO tan rápido no iba a convencer a nadie de hacerse fan del deporte.

A continuación, les tocó el turno a los otros dos finalistas de la noche: Stephan Bonnar y Forrest Griffin. Ambos peleadores **salvaron de la quiebra a la UFC con una de las mejores peleas de todos los tiempos.**

El combate fue una absoluta guerra de quince minutos donde ambos tipos llevaron su cuerpo y mente al límite para lograr ese contrato con la UFC. El público que asistió al evento y los millones de espectadores en sus casas no podían creer lo que tenían delante; nunca antes habían visto nada igual.

Durante la emisión, la audiencia de Spike TV subía minuto a minuto, y el boca a boca hizo que cada vez más televidentes cambiaran de canal para descubrir qué estaba pasando allí.

«Supe en cuanto terminó esa pelea que lo habíamos conseguido. No importaba si cerrábamos otro acuerdo con Spike TV o no. Lo habíamos logrado, lo habíamos hecho, estábamos yendo hacia algún sitio», recordaría años después Dana White.

Forrest Griffin ganó el duelo, pero la UFC decidió darles

el contrato a los dos peleadores. Minutos después, en los pasillos del recinto, Dana y los directivos cerraron un acuerdo para la segunda temporada en una servilleta.

La historia de la UFC y, por ende, de las MMA cambió después de esa pelea.

Impulsada por el éxito del reality, la compañía entró en un boom de popularidad. En los meses siguientes, Spike TV no solo produjo más temporadas de TUF, sino que comenzó a televisar algunos eventos en vivo y a retransmitir recopilaciones de peleas clásicas.

La combinación de exposición televisiva gratuita y el boca a boca multiplicó la base de fanáticos, y eso hizo que las ventas PPV se disparasen. El crecimiento pasó de ser sostenido a aumentar exponencialmente en unos pocos años, y cualquier organización que pudo haber sido competencia terminó absorbida por la UFC. En 2006, adquirieron la WEC. En 2007, fue el turno de Pride, la compañía japonesa que siempre había estado por delante, pero cuyos lazos con la Yakuza la habían arrastrado a graves problemas económicos. Finalmente, en 2011, la UFC compró Strikeforce, otra organización que tampoco pudo evitar ser devorada por la compañía de Dana White.

Los dueños lo habían logrado. El barco había llegado a buen puerto después de capear un temporal que parecía destinado a hundir la flota. La UFC era ya una realidad, pero nadie quiso conformarse con eso.

5
LA GRAN EXPLOSIÓN
DE LA UFC

En el año 2011, el acuerdo que unía a la UFC con Spike TV llegó a su fin, y un nuevo hogar los esperaba con los brazos abiertos. FOX, uno de los peces gordos, adquirió los derechos televisivos de la UFC por siete años a cambio de setecientos millones de dólares.

Con este nuevo acuerdo, la organización pudo mejorar aún más su producto e internacionalizarse a un ritmo frenético. Si años atrás ni siquiera tenían el permiso para organizar eventos en su propio país, ahora eran acogidos por Canadá, China, Australia, Emiratos Árabes, etc. La UFC se abrió al mundo, y la bola de nieve no paró de crecer.

En los últimos años, la UFC contó con peleadores que ayudaron a la marca en su crecimiento global: Chuck Liddell, Tito Ortiz, Anderson Silva, Georges St-Pierre, Brock Lesnar… Todos y cada uno de ellos fueron clave en el crecimiento de la compañía, pero aún quedaban importantes pasos por dar para llevar a la empresa a cotas más altas.

Uno de los movimientos más significativos fue la creación de la primera división femenina. Dana White había llegado a decir años atrás que jamás habría mujeres compitiendo en la UFC. Sin embargo, hubo una que lo cambió todo: Ronda Rousey.

La estadounidense transformó la forma en la que millones de personas todavía veían a las MMA y rompió todos los tabúes que aún existían. Sus dominantes victorias dentro del octágono la convirtieron en una de las atletas más conocidas del mundo. Era la primera vez que la UFC contaba con una figura de tal calibre mediático, más aún que con Liddell o Lesnar.

No será la última vez que su nombre aparezca en este libro, y quizá por razones que ella jamás hubiese querido. Pero, independientemente de cómo terminase su carrera, Rousey abrió la puerta a que otro atleta recogiera su testigo como la mayor figura del deporte y continuase con la misión de llevar las MMA y las siglas de la UFC a todos los rincones del planeta. El escogido fue un luchador irlandés llamado **Conor McGregor, el peleador de MMA más mediático de todos los tiempos.**

Irónicamente, Conor se volvió tan insultantemente famoso que mucha gente no conocía la UFC, pero sí el nombre de The Notorious. Su victoria por KO en solo trece segundos, en diciembre de 2015, que lo convirtió en campeón de peso pluma, dio la vuelta al mundo. McGregor alcanzó un nivel mediático tan alto que podía mirar a los ojos a cualquier otro deportista del planeta. Y la UFC se benefició de esta circunstancia.

Con la inestimable ayuda del irlandés, la compañía ganó aún más poder de negociación de cara a una futura venta, que se cerró a mediados de 2016. Quince años antes, los Fertitta habían adquirido la UFC por apenas dos millones de dólares. Ahora, con ganas de recoger los frutos de tantos años de trabajo, la vendían a Endeavor por más de cuatro mil millones.

Dana también vendió su 10 por ciento, pero, a diferencia de los Fertitta, decidió continuar en el barco. Los nuevos dueños no tuvieron problema en mantenerle como presidente.

En aquel 2016 ocurrió otro hito remarcable en la historia de la empresa, y es que, dos décadas después del inicio de los vetos impuestos por distintos estados del país, la UFC por fin pudo celebrar un evento en el último que le quedaba por conquistar: Nueva York.

El legendario Madison Square Garden acogió un UFC 205 encabezado por la pelea entre Conor McGregor y Eddie Alvarez por el cinturón de peso ligero. Aquella noche, el irlandés se proclamó el primer doble campeón simultáneo en la historia de la compañía.

La UFC había cerrado el círculo: de ser perseguida y vetada en numerosos estados pasó a estar legalizada en los cincuenta, y lo celebró conquistando el escenario más simbólico del mundo con la figura más mediática de su historia.

De ahí en adelante, los sucesos históricos se fueron haciendo costumbre. En 2018, se batió el récord de la pelea de UFC más grande de la historia con el McGregor vs. Nurmagomedov, del cual hablaremos más adelante. En 2019, la compañía firmó un nuevo acuerdo televisivo, abandonando Fox y firmando con ESPN por 1.500 millones de dólares.

A partir de 2026, los derechos televisivos de la UFC en Estados Unidos pasaron a manos de Paramount gracias al contrato más lucrativo en la historia del deporte: siete años a cambio de 7.700 millones de dólares. Eso supone una media anual de 1.100 millones de dólares, once veces más que lo que la UFC había firmado con Fox catorce años antes.

El nuevo contrato significaba no solo un cambio de socio televisivo, sino también el fin del modelo tradicional de PPV que la había acompañado desde sus inicios.

Los números que maneja actualmente la UFC carecen ya de cualquier tipo de lógica, y sus fundadores y todos los directivos que han pasado por la compañía son parte del éxito que esta ha atesorado durante los últimos treinta años. Sin embargo, los verdaderos culpables de que las MMA estén hoy donde están son los peleadores.

Son sus increíbles historias, las que hemos presenciado durante las últimas décadas, las que explican por qué este deporte se ha convertido en un fenómeno global. Historias de gloria y de ruina, de récords imposibles, de traiciones, de redenciones y de caídas estrepitosas.

Todas estas historias empiezan ahora.

SEGUNDA PARTE

LAS HISTORIAS QUE CONSTRUYERON EL IMPERIO DE LA UFC

6
CONOR MCGREGOR E ILIA TOPURIA: CUANDO LA HISTORIA SE REPITE

Ya ha transcurrido una década desde la explosión en popularidad de la UFC gracias a Conor McGregor. Durante años, la UFC y sus aficionados anduvieron a la caza de un sucesor para el irlandés. Muchos lo intentaron, e incluso algunos parecían destinados a ser portadores dignos de esa etiqueta, pero ninguno de ellos pudo acercarse a los hitos del peleador de Dublín.

Pero, al igual que desde la marcha de Messi el Fútbol Club Barcelona tuvo que esperar a la irrupción de Lamine Yamal como un verdadero «10», la UFC también esperó pacientemente a encontrar a la nueva gallina de los huevos de oro. Ese peleador es Ilia Topuria.

El hispanogeorgiano emergió de la nada y en apenas cuatro años pasó de ser un desconocido a una estrella mundial, ganándose con creces la etiqueta de «el nuevo Conor McGregor».

Por momentos, el paralelismo y las coincidencias son tales que cuesta no dar por hecho que los conocidos como «los dioses de las MMA» así quisieron que fuera.

¿Fue casualidad que el destino eligiera a estas dos personas? ¿Existieron realmente similitudes entre ambos ascensos, o todo se reduce a comparaciones forzadas por la nostalgia? A medida que se analizan sus trayectorias, las coincidencias empiezan a ir mucho más allá de la categoría de peso o de unos tatuajes.

Dato	Conor McGregor	Ilia Topuria
País/nacionalidad	Irlanda	España/Georgia
Continente	Europa	Europa
Año de debut en la UFC	2013	2020
Edad al debutar en la UFC	24 años	23 años
Récord en la UFC al disputar el título	6-0	6-0
Rivales destacados en ese tramo	Poirier, Holloway, Mendes	Emmett, Mitchell, Hall
Asaltos perdidos antes del título	1	1
Edad al disputar el título pluma	27 años	27 años

Dato	Conor McGregor	Ilia Topuria
Campeón al que derrotan	José Aldo	Alexander Volkanovski
Número de evento	UFC 194	UFC 298
Método de victoria	KO	KO
Primer campeón de su país	Sí	Sí
Edad al disputar el título ligero	28 años y 4 meses	28 años y 4 meses
Campeón al que derrotan	Eddie Alvarez	Charles Oliveira
Evento	UFC 205	UFC 308
Método de victoria	KO	KO
Logro histórico	Primer doble campeón simultáneo de la UFC	Primer doble campeón invicto de la UFC

Topuria y Conor comparten un recorrido inicial sorprendentemente similar en las 145 libras. Ambos se plantaron delante del campeón tras acumular un 6-0 en sus primeras seis peleas en la UFC. El irlandés lo logró con victorias ante peleadores como Dustin Poirier, Max Holloway o Chad Mendes. Ilia, por su parte, hizo lo propio ante Josh Emmett, Bryce Mitchell, Ryan Hall y compañía.

Para cuando les tocó vérselas ante el campeón, ninguno

de ellos conocía la derrota dentro de la compañía y apenas habían mostrado fisuras en su ascenso. De hecho, solo perdieron un asalto en todo ese camino previo a su pelea titular. Conor fue derrotado en el primer asalto ante Chad Mendes para después noquearlo en el segundo, y lo mismo ocurrió con Ilia, quien sufrió al principio contra Jai Herbert, pero pudo apagarle las luces en el segundo *round*.

A sus veintisiete años, nuestros dos protagonistas lograron arrebatarle el cinturón al campeón. **Ambos, además, lo lograron por la vía del KO.**

No solo sus trayectorias, sino también sus oponentes en la pelea de campeonato presentan curiosas similitudes. Conor tuvo enfrente a un campeón aparentemente invencible que sumaba ya siete defensas de su título. Por esa razón, y aun habiendo lucido increíble en su ascenso, Conor no era el favorito en las apuestas para llevarse la victoria.

Volkanovski, el rival de Topuria, tampoco se quedaba atrás. The Great acumulaba cinco defensas de su trono y jamás había perdido un combate en las 145 libras. De ahí que él también fuera el favorito para retener el título a costa del campeón hispanogeorgiano en ascenso.

Como última curiosidad con respecto a los campeones, permíteme tomarme el lujo de recalcar que ambos pertenecían a un continente distinto al de nuestro protagonista y que ambos, además, eran calvos. Algunas similitudes impresionan más que otras, sí, pero las coincidencias hasta este momento ya son dignas de dejarte con la boca abierta.

Con su victoria ante Volkanovski y todos estos paralelismos encima de la mesa, las comparaciones entre Ilia y Conor no se hicieron esperar. Y esta vez no se sentía una etiqueta precipitada. Ilia sí parecía digno de ser comparado con la mayor estrella que ha habido jamás en el deporte.

Al igual que McGregor, Topuria también se convirtió en el primer campeón de su país, desatando una fiebre por las MMA como nunca antes había sucedido. Conor transcendió el deporte. Y, una década después, el Matador ha logrado lo mismo.

Dos jóvenes de veintisiete años eran los reyes en sus respectivos tiempos de peso pluma, y, nada más hacerse con su primer título, pusieron las miras en un segundo cinturón, aunque no lo lograrían tan rápido como quizá hubieran esperado.

Aquí es cuando los caminos se separan y sus trayectorias divergen para volver a encontrarse después de un tiempo.

Tras convertirse en campeón, Conor se vio envuelto en una rivalidad con Nate Diaz que le mantuvo alejado de ese cinturón durante unos meses. Aquella rivalidad con el estadounidense es una de las más conocidas en la historia de la UFC, y hablaremos de ella más adelante.

Por su parte, Ilia no entró en conflicto con otro peleador, y quiso defender al menos una vez su título, cosa que McGregor nunca pudo hacer. Topuria logró su objetivo y con creces cuando noqueó a Max Holloway en el UFC 308.

Tras acabar 1-1 su rivalidad con Diaz, McGregor volvió a fijar su vista en ese cinturón de peso ligero, e Ilia, con ganas de acabar con el suplicio de recortar tanto peso, hizo lo propio.

Pasado este paréntesis, el destino volvió a alinear las historias de Conor y Topuria, ya que ambos luchadores se plantaron delante del campeón de las 155 libras a la edad exacta de veintiocho años y cuatro meses. La historia se volvía a repetir... y el resultado de ambos combates también fue el mismo.

Conor noqueó en el segundo asalto a Eddie Alvarez en el histórico UFC 205 en el Madison Square Garden tras una auténtica exhibición. De esta forma logró convertirse en el primer doble campeón simultáneo de la historia de la UFC.

Casi una década más tarde, Ilia volvió a seguir los pasos

de uno de sus referentes y también pudo noquear al campeón. En este caso lo hizo aún más rápido, ya que envió a Oliveira a otra galaxia en el primer asalto. De esta forma, **Topuria se convirtió en el primer doble campeón invicto de la historia.**

La imagen de Ilia con los dos títulos en sus hombros parecía un *déjà vu.* Diez años después, otro joven europeo de veintiocho años se hacía con los cinturones de las 145 y las 155 libras tras noquear a ambos campeones.

Hasta Conor, desde la distancia, felicitó a Topuria en X:

¡Felicidades por ganar mis antiguos títulos, Ilia! Tres nocauts consecutivos es algo muy bueno. Nadie puede negar el nocaut. Me gusta.

McGregor, en sus mejores años, fue un auténtico pionero. Abrió las puertas de los dobles campeones que luego todos querrían imitar, traspasó la barrera del nicho y demostró que un peleador puede tener un impacto brutal también fuera del octágono.

Ilia es, sin duda, su alumno más aventajado. De ahí que tuviéramos que esperar una década para ver una irrupción casi idéntica a la del irlandés. Aunque Topuria también logró ser bicampeón a los veintiocho años, puso sus metas aún más arriba, avisando de que aún habría hueco para un tercer cinturón. Esa confianza desmedida en sus habilidades y la valentía para hacerlas públicas delante de todos evocan sin duda a lo que hacía McGregor en su día.

Muchos quisieron criticar a Topuria por estar imitando demasiado a Conor. McGregor era sinónimo de desenfreno y verborrea en cada rueda de prensa o aparición pública. Topuria, sin llegar a esos extremos, tomó buena nota de cómo calentar un combate a base de *trash talk* y provocaciones al rival. De hecho, imitó el gesto de McGregor robándole el cinturón a José Aldo para hacer él lo propio con Alexander Volkanovski en la rueda de prensa previa a la pelea.

Con mucho sentido, el peleador hispanogeorgiano siempre ha querido desmarcarse de la etiqueta de «el nuevo McGregor», pero, como ha quedado demostrado en estas líneas, las similitudes están ahí.

7
LAS MAYORES RIVALIDADES EN LA HISTORIA DE LA UFC

La UFC no sería lo que es sin las rivalidades que la hicieron grande. Antiguos amigos que un día compartieron techo, compañeros de entrenamiento que acabaron detestándose o competidores que se cruzaron en diferentes etapas de sus vidas.

Las rivalidades que verás a continuación no solo marcaron las carreras de los protagonistas, sino que también colocaron a la UFC frente a los ojos del mundo.

5 de marzo de 2016 (UFC 196)
20 de agosto de 2016 (UFC 202)

NATE DIAZ vs. CONOR MCGREGOR

1 - 1

Esta fue una rivalidad inesperada. Diaz no veía justo que Conor lograse una oportunidad de combatir por el cinturón de peso ligero antes que él, que llevaba años intentando llegar a la posición a la que McGregor accedió sin ni siquiera haber competido antes en las 155 libras (70,3 kg). Por esa razón, tras ganar su combate a finales de 2015 ante Michael Johnson, utilizó su entrevista postcombate a pie de octágono para lanzar improperios contra un irlandés, que le había adelantado por la derecha en la carrera por el título. En ese momento ya se sabía que, en marzo del año siguiente, en el UFC 196, el campeón de peso pluma, Conor McGregor, y el del ligero, Rafael dos Anjos, se verían las caras en un supercombate de campeón contra campeón, con el cinturón de peso ligero en juego.

Pero, como si los dioses de las MMA hubieran querido que esta rivalidad entrase en este libro, provocaron la lesión del campeón brasileño a solo dos semanas del combate. En ese momento, la UFC llamó de urgencia al peleador de Stockton para que lo sustituyera.

Quiero dar valor aquí a Conor, ya que, en vez de esperar pacientemente a que Dos Anjos se recuperase para competir por el título en los meses siguientes, decidió aceptar la pelea contra Diaz sin que realmente hubiera nada en juego. Bueno, quizá la bolsa de dinero que se agenciaba por entonces el de Dublín fuese una buena razón, ahora que lo pienso mientras escribo estas líneas.

Los contratos se firmaron con premura, y el 5 de marzo de 2016 ambos se vieron las caras en aquel UFC 196.

Esa noche, el aparentemente invencible Conor tendría delante al rival físicamente más grande al que se había enfrentado nunca. Y la cosa le salió mal, muy mal.

Nate no cayó a la lona por mucho que McGregor le conectara como lo había venido haciendo con todos esos pesos pluma a los que el irlandés se había enfrentado. Tras cinco minutos en los que McGregor intentó sin éxito noquear a Diaz, el estadounidense fue quien acabó finalizando a un exhausto Conor, que muy pronto se quedó sin fuerzas.

Y desde ese momento pareció evidente que esa no sería la única vez que veríamos a estos dos peleadores compartiendo octágono.

La vida continuaba para McGregor. Seguía siendo el vigente campeón de peso pluma y su obligación, en teoría, era volver a esa división y defender el título, pero el irlandés se negaba a regresar a las 145 libras (65,8 kg) sin antes poder vengarse de Diaz.

Es probable que la organización jamás hubiera aceptado el órdago de ningún otro peleador; sin embargo, el de Dublín estaba siendo una sensación de tal magnitud a nivel mundial que tenía a toda la UFC a sus pies, y, por supuesto, vio cómo sus deseos se cumplían. Tanto fue así que programaron la revancha para encabezar el histórico evento UFC 200.

Pero, sorprendentemente, a cuatro días de la primera rueda de prensa oficial de esa cartelera, Conor tuiteó que había llegado la hora de retirarse... Una mentira piadosa que escondía de forma muy poco disimulada una negociación para mejorar su contrato. Y, tras intensas negociaciones a escondidas, parecía que el de Irlanda se había salido con la suya.

La pelea, eso sí, fue aplazada al UFC 202. En la rueda de prensa previa al combate, celebradas siempre los jueves por la tarde, la tensión entre ambos peleadores de sangre caliente se podía cortar con un cuchillo.

A Diaz no le gustó que para la primera pelea Conor fuera tan de sobrado pensando que le ganaría con facilidad, y a McGregor tampoco le hizo gracia la forma en la que su rival había manejado la victoria después del combate. Y, a la que tuvieron la primera oportunidad de volver a tenerse cerca, se lio.

Nate, cansado ya de tantas preguntas de los periodistas, decidió abandonar la rueda de prensa cuando aún no había terminado y, mientras se marchaba de la sala, soltó improperios, amenazas e insultos a su oponente. Conor no se quedó parado y tomó la botella llena de agua que tenía más a mano para, furioso, lanzarla hacia Nate, quien no dudó en devolverle la treta, convirtiendo aquello en el campeonato mundial de lanzamiento de botellas de agua. Afortunadamente, ninguna cabeza resultó abierta ese día.

El mal rollo era muy real, y las ganas de ver quién se llevaba esa segunda pelea fueron tantas que el evento UFC 202 fue el más visto (y, por ende, el más lucrativo) en la historia de la compañía.

«Tuvo que matarme cuando tuvo la oportunidad, porque ahora estoy de vuelta y voy a matarte a ti y a todo tu equipo», proclamó McGregor en el pesaje ceremonial la noche antes del duelo.

Nate, por su parte, declaró: «Siempre entreno duro para matar, y él ya está muerto de la primera vez. De nuevo, esto será matar o morir».

Por suerte todas esas frases fueron en sentido figurado, ya que los dos atletas llegaron vivos al final de los cinco asaltos tras un combate espectacular de MMA con momentazos para cada uno a lo largo de la contienda.

Al final de la lucha, y sin necesidad ya de aparentar un odio ficticio, los dos hombres se felicitaron por el gran desempeño de ambos en la pelea.

Conor fue el ganador de este segundo combate por decisión unánime, igualando la rivalidad con una victoria para cada uno.

Muchos años han pasado ya, pero me da la sensación de que ese empate no se quedará así para siempre, y que estos dos antiguos rivales se volverán a encontrar algún día.

12 de noviembre de 2011 (UFC 139)
23 de junio de 2012 (UFC 146)
19 de octubre de 2013 (UFC 166)

CAÍN VELÁSQUEZ VS. JUNIOR DOS SANTOS

2-1

Muchos muchísimos fans que hoy siguen este deporte comenzaron a hacerlo a raíz de presenciar esta intensa y legendaria rivalidad en los pesos pesados (tope de 265 lb [120,2 kg]).

En los primeros años de la década de 2010, Caín y Junior eran sin duda los Messi y Cristiano del peso pesado, dos gigantes del deporte que se hacían mejores con la presencia del otro.

Velásquez llegó invicto hasta la cima de la categoría, ganando absolutamente todas sus peleas como profesional (9-0), logrando además el título ante el mayor nombre que había por entonces en la compañía, Brock Lesnar.

Con actuaciones tan dominantes, parecía que ese récord invicto continuaría durante bastante más tiempo. Sin embargo, en ese momento también había otro peso pesado que estaba pasando por encima a todos sus rivales sin conocer la derrota en la UFC. Y es que el brasileño Junior dos Santos acumulaba siete victorias seguidas tras su llegada a la empresa, con las que alcanzó una merecida oportunidad titular, que se le concedió el 12 de noviembre de 2011.

Los dos mejores pesos pesados del momento pelearían por ver quién mantenía su invicto en la empresa y se iría a la cama con el título. Viendo los precedentes de ambos, todo apuntaba a que sería una lucha igualada. Pero Dos Santos sorprendió al mundo ganando con suma facilidad tras poco más de sesenta segundos, noqueando al otro campeón sin ni siquiera haber roto a sudar.

El invicto de Velásquez cayó, y un nuevo campeón fue coronado, pero la cosa no acabaría así.

Un motivadísimo Caín, con el objetivo de recuperar lo que era suyo, se repuso bien de la derrota ante Dos Santos y aplastó a su siguiente rival para volver a ganarse el derecho a pelear por su antiguo título. Junior también hizo lo propio, venciendo en su siguiente pelea, y defendió su cinturón tras finalizar a su oponente en el segundo asalto. Y, con una victoria para cada uno desde aquel enfrentamiento, se volvieron a encontrar.

Se anunció como la pelea más grande de todos los tiempos

hasta ese momento (diciembre de 2012). En esta ocasión, el ahora retador Caín destruyó sin piedad al campeón: presión, derribos, golpes… Lo que viene siendo una paliza, vamos. Lo único que pudo hacer Dos Santos esa noche fue demostrar tener un tremendo corazón, una inigualable voluntad y una brutal determinación por no ser finalizado y resistir una auténtica golpiza durante veinticinco minutos.

Pero, claro, aunque este combate terminó de forma muy contundente, la rivalidad no dejaba de estar uno a uno, así que era inevitable pensar que una trilogía asomaba por el horizonte en un futuro cercano. Y con ambos peleadores, una vez más, ganando su siguiente combate, la UFC tuvo claro que era hora de ver quién quedaría por encima en este legendario feudo.

Por ello, en la que por entonces fue, sin duda, la trilogía más grande de todos los tiempos, los dos mejores pesos pesados del momento se vieron las caras por última vez en el UFC 166, en octubre de 2013. Y el guion terminó siendo idéntico al de la segunda pelea.

Velásquez acreditó de nuevo por qué era él el rey de la división y por qué repetía hasta la saciedad que esa primera derrota había sido un mero accidente.

Caín impuso otros cinco asaltos de castigo a un Junior dos Santos que, esta vez, ya no pudo llegar hasta la decisión de los jueces. Y es que, en una mezcla entre agotamiento y dolor, cayó rendido al suelo ante un Velásquez que aquella noche demostró un nivel de MMA jamás visto en esta división.

Finalizada la trilogía, el mexicanoestadounidense quedó como el clarísimo ganador de una rivalidad que ayudó a incorporar a miles y miles de seguidores a un deporte del que quedaron enamorados para siempre.

12 de diciembre de 2020 (UFC 256)
12 de junio de 2021 (UFC 263)
22 de enero de 2022 (UFC 270)
21 de enero de 2023 (UFC 283)

BRANDON MORENO VS. DEIVESON FIGUEIREDO

2-1-1

Estos dos tipos hicieron algo que ni el legendario campeón de peso mosca, Demetrious Johnson, pudo hacer jamás. Por desgracia, la legendaria racha de once defensas seguidas del cinturón de las 125 libras (56,7 kg) que obtuvo Johnson no fue nunca suficiente para atraer la atención de un público que no era especialmente fan de una categoría tan liviana, e incluso por momentos pareció que la compañía se quitaría de encima al peso mosca.

Así lo confirmó el propio Dana White en una entrevista con TMZ, donde dijo: «Hemos intentado cerrar la división de peso mosca durante tres años».

Pero, si en los últimos años esta división ha vuelto a generar interés y a recuperar prestigio ha sido en parte gracias a la inolvidable tetralogía entre Deiveson Figueiredo y Brandon Moreno.

Antes de ellos, jamás habíamos visto a dos peleadores de UFC enfrentarse un total de cuatro veces dentro del octágono, pero el brasileño y el mexicano parecían destinados a tener una histórica rivalidad que mantuvo entusiasmado a todos los fans de la UFC durante tres años en los que estos dos tipos estuvieron batallando el uno contra el otro.

Todo comenzó cuando, tras la noche del UFC 255, donde ambos peleadores compartieron cartelera, el campeón brasileño pidió a la compañía que le dieran un nuevo combate lo antes posible y, a poder ser, contra Brandon Moreno, quien era, en ese momento (invierno de 2020), el claro contendiente número uno al cinturón.

La compañía aceptó de buen grado esa petición del rey del peso mosca y los puso a competir en el siguiente evento, el UFC 256.

Hasta ese día, el de Brasil parecía un campeón imparable, con un poder nunca visto en la categoría de las 125 libras. Pero, cuando un aspirante con ganas de hacer historia para su país se plantó delante de ese supuesto monstruo, lo hizo parecer muy pero que muy humano.

A finales de 2020, la empresa estadounidense todavía no había tenido a ningún campeón nacido en México en toda su historia. Algo que se veía como una anomalía, teniendo en cuenta que, en otro deporte de contacto como es el boxeo, México es una de sus naciones más emblemáticas, con campeones que son leyendas.

Por esa razón, Moreno llevó a ese supuesto campeón invencible al límite, y los aficionados pudieron disfrutar de una igualada guerra de veinticinco minutos entre ambos peleadores. De hecho, el combate estuvo tan parejo que los jueces determinaron un empate al final de una pelea que ganó el premio a la mejor de todo el año. Como era de esperar, después de tal espectáculo, tras cinco asaltos increíblemente entretenidos, un segundo enfrentamiento era obligatorio.

En esta revancha, celebrada medio año después, Deiveson, quien siempre se comportaba respetuosamente con sus contrincantes, pareció muy encendido con su rival, y así lo dejó claro en rueda de prensa, metiéndose con Moreno y mostrándole continuamente el dedo corazón mientras prometía que esta vez sí podría vencerle.

Esta recién creada enemistad generaba una capa más de interés a una pelea que ya tenía mucho hype de por sí. Y, en la noche del UFC 263, se rompió por fin la maldición mexicana, ya que Brandon aplastó al campeón para convertirse en el rey del peso mosca, sometiéndolo con un mataleón en el tercer asalto.

Figueiredo, quien había estado hablando bastante mal de él las semanas previas, se vio obligado a mostrar su respeto hacia el nuevo campeón, aupándolo en brazos mientras anunciaban al mexicano como ganador.

Con una rivalidad de dos combates, un empate y una victoria para Moreno, era de esperar una trilogía en los próximos meses, pero, antes de eso, Brandon iba a medirse primero con Alexandre Pantoja en su primera defensa del cinturón. Por desgracia para Pantoja, no pudo comparecer al combate programado para el UFC 270 debido a una operación de rodilla.

Con este chasco, la UFC decidió mantener a Brandon y buscarle un nuevo retador. Lo cierto es que no hizo falta indagar mucho en la división, ya que todos sabían que Figueiredo recibiría la llamada para sustituir a Pantoja. Este, por supuesto, aceptó con gusto la oportunidad de redimirse, recuperar su campeonato y ganar de una vez al campeón azteca. Por desgracia para Moreno, el campeonato volvió a Brasil después de otra igualadísima lucha.

Brandon, quien parecía convencido de que su brazo sería el levantado por el árbitro, quedó perplejo cuando escuchó que su rival era proclamado como el nuevo rey del peso mosca, y no pudo creer cómo se le había escapado una victoria que suponía suya.

Después de tres intensos combates, el resultado de esta rivalidad quedaba absolutamente igualado: una victoria para cada uno y un empate. Con este desenlace, organizar una cuarta pelea era obligatorio, y así fue.

En el UFC 283 se decidiría todo. Ya no habría una nueva oportunidad. El ganador de este combate se llevaría el título a su casa, y también el simbólico premio de haber quedado por encima en un feudo histórico.

Para sorpresa de nadie, la pelea volvió a estar igualada, pero finalmente fue el peleador mexicano quien, después de un gran golpe que cerró por completo el ojo a su oponente, fue declarado el nuevo campeón de peso mosca tras parada médica.

Una rivalidad con un total de cuatro peleas es algo que quizá jamás volveremos a ver en la UFC, y Brandon Moreno siempre podrá sentirse orgulloso de lo que hizo, ya no solo para él ni para su país, sino también para la que parecía una división totalmente prescindible dentro de la UFC.

12 de noviembre de 2022 (UFC 281)
8 de abril de 2023 (UFC 287)

ALEX PEREIRA VS. ISRAEL ADESANYA

1-1

Brasileño y nigeriano respectivamente, empezaron en las artes marciales mixtas por motivos bien distintos. Adesanya lo hizo tras sentirse brutalmente inspirado después de ver la película *Ong-Bak: el guerrero Muay Thai*, y Alex para intentar escapar de una vida de excesos con el alcohol tras años de abusos.

El *kickboxing* fue el arte escogido por ambos, y fue en 2016 cuando los dos futuros rivales de la UFC se vieron las caras por primera vez en la promotora Glory Kickboxing. El combate llegó a la decisión de los jueces y Pereira fue escogido como vencedor a pesar de que la mayoría vio al nigeriano como ganador. Con esa polémica empezó todo, ya que, tras un ajustado primer combate, era de justicia que Israel tuviera la oportunidad de vengarse. La revancha se programó para 2017, y en ella veríamos una imagen que acompañó a Israel durante toda su carrera como artista marcial:

Adesanya cayó noqueado fulminantemente por primera vez como profesional a manos de un Pereira que ya destruía a sus rivales con su famoso gancho de izquierda.

Alex quiso ganar sin polémicas, y lo logró con creces, poniéndose ahora 2-0 en su batallita personal ante The Last Stylebender, quien tendría que sufrir en ese ring la humillación de ver cómo hasta el hijo de Alex se burlaba de él haciendo como que se desmayaba a su lado, imitando la forma en la que su cuerpo se había desmoronado al encontrarse con la izquierda del brasileño. Este es un detalle importante que Adesanya se grabó a fuego para vengarse muchísimos años después.

Tras esa devastadora derrota, un peleador que ya había logrado ser campeón del mundo quiso buscar nuevos retos, y dio así el salto definitivo a las MMA. Su ascenso hasta la cima de este deporte fue meteórico, aterrizando en la UFC con un 11-0 y ganando el cinturón de la compañía después de sumar un 18-0 en total.

Al mismo tiempo que Adesanya ascendía rápidamente hasta la cima de las MMA, su verdugo continuaba aún en el *kickboxing*, donde, a pesar de haberse convertido en doble campeón, su fama no era ni una décima parte de la que disfrutaba el de Nigeria.

Pereira ya había disputado alguna que otra pelea de MMA, pero siempre había querido centrarse en el *kickboxing*, donde, sin discusión, era el mejor del mundo. Todo cambió poco antes de que Adesanya se coronara campeón de peso medio (185 lb [83,9 kg]), cuando concedió una entrevista que acabaría marcando un antes y un después en la historia del deporte. En ella, a Israel le preguntaron por su antiguo rival en *kickboxing*, aquel que había conseguido dos veces lo que ningún otro oponente había logrado hasta entonces en la UFC.

«Mientras yo sea campeón del mundo, él será un tipo borracho en un bar, presumiendo de que me ganó». Aquellas palabras, que aludían directamente al pasado de Pereira con el alcohol, fueron la chispa que necesitaba el brasileño para salir de su zona de confort y lanzarse a la aventura de las MMA, decidido a llegar a lo más alto de la UFC para enfrentarse al nigeriano y demostrarle lo equivocado que estaba con esas desagradables declaraciones. Lo que para Israel fue una simple pulla, para Alex se convirtió en combustible para tomar acción en una decisión que terminó por cambiarle la vida.

Encendido con esas duras palabras, Pereira volvió a las MMA cuatro años después, y tan solo necesitó de una única victoria para asegurarse un contrato con la UFC, ya que, por mucho que su experiencia en este deporte no fuera grande (4-1 de récord), su estatus de leyenda en el *kickboxing* y sus dos victorias ante Adesanya eran motivos más que suficientes para darle una oportunidad en las grandes ligas.

El brasileño no desaprovechó la oportunidad y se puso manos a la obra desde el primer combate para llegar lo antes posible hasta el campeón. La compañía también puso de su parte y, tan solo tres peleas después de debutar, Alex ya se adjudicó el combate por el título de peso medio. No suele ser habitual que con tan solo tres victorias llegues a una oportunidad titular, pero la historia con Adesanya era demasiado morbosa como para no explotarla en la UFC, así que la compañía le puso un camino relativamente sencillo al de Brasil para que se las viera ante el nigeriano, quien continuaba sin ni una sola derrota en el peso medio en toda su carrera. **Pero todos sabían lo que Pereira le había hecho años atrás en otro deporte.**

Ambos peleadores se enfrentaron en el UFC 281, en noviembre de 2022, más de cinco años después de luchar por última vez en Glory.

La expectación por el combate era gigante. Adesanya se había burlado de Alex, describiéndolo como un borracho, sin imaginarse jamás que lo volvería a tener enfrente; y ahí estaba, plantado delante de él, listo para volver a vencerle en un nuevo deporte.

Las expectativas eran altas, y los dos tipos justificaron el hype cuando se subieron al octágono, ya que vimos una exhibición de *striking* como pocas veces se han visto en la UFC. Dos auténticos maestros del arte del golpeo pelearon mano a mano durante más de veinte minutos. El campeón parecía tener la ventaja, y se daba por hecho, tras esos cuatro primeros asaltos, que, de llegar la pelea a la decisión de los jueces, él retendría su título, ganando por primera vez a Pereira. Pero, en un giro dramático de los acontecimientos, el brasileño salió al último asalto con la certeza de que, o finalizaba a su oponente, o se iría a su casa de vacío. Por esa razón, segundos antes de comenzar ese quinto asalto, se le pudo leer en los labios un «Te voy a matar» mientras miraba fijamente a Israel.

Dicho y hecho: el reinado de Israel Adesanya murió la noche del UFC 281 cuando Alex Pereira, una vez más, logró hacerse con la victoria después de ganar por KO técnico (TKO) en un final de combate trepidante.

La compañía tenía un nuevo rey de las 185 libras; un tipo que, pocos años antes, no tenía intención alguna de pelear en la UFC, pero que, tras una aparentemente inocente entrevista, había quedado motivado para hacer historia.

La rivalidad se encontraba ahora 3-0, y con un resultado así no parecía muy lógico que Adesanya tuviera una cuarta oportunidad de vencer a un rival que claramente le tenía tomada la medida. Sin embargo, el marcador en MMA estaba solo 1-0, y como Israel había sido un campeón ejemplar, con muchas defensas del título, la compañía le dio la oportunidad de vengarse y recuperar su querido campeonato.

Nadie daba un duro ya por el ahora excampeón, pero él nunca dejó de creer que sí era capaz de vencer, al menos una vez, a su bestia negra. Los días previos al combate incluso se atrevió a vaticinar que ganaría la pelea de forma tan contundente que él sería realmente el vencedor de la rivalidad, aun terminando 3-1 abajo.

Ignoro si ese es el sentimiento de los fans hoy en día, pero lo que está claro es que, de esos cuatro duelos en total, este último fue, con diferencia, el más sonado. En abril de 2023, Adesanya logró, en el UFC 287, uno de los KO más icónicos en la historia de la compañía cuando mandó a dormir a Alex Pereira en el segundo asalto, y celebró la victoria lanzando tres flechas ficticias (haciendo referencia a las tres derrotas) a su inconsciente rival, en una imagen que también será recordada para siempre.

2 de abril de 2004 (UFC 47)
30 de diciembre de 2006 (UFC 66)

CHUCK LIDDELL VS. TITO ORTIZ

2-0

Catorce años de rivalidad unen a estos peleadores. Un feudo histórico que tuvo su primer enfrentamiento en 2004 y que no se terminó hasta 2018.

Tito y Chuck, ambos procedentes de California, competían en la misma división de las 205 libras (93,0 kg) en la UFC y, aunque se pudiera intuir un futuro enfrentamiento de seguir ambos subiendo puestos en la división, su relación era más que buena, y no eran pocas las veces que compartían entrenamientos para mejorar mutuamente su nivel como artistas marciales.

Llegado el momento, Ortiz se convirtió en el campeón de peso semipesado, sumando la friolera de cinco defensas del cinturón. A su vez, Chuck, quien había aterrizado algo más tarde en la UFC, ascendía rápidamente en la categoría con nocauts espectaculares, acercándose peligrosamente a las posiciones más altas del ranking. El runrún de una pelea entre los dos colegas era cada vez mayor, y Ortiz quiso cortar de raíz esos rumores aludiendo a un supuesto pacto por el que nunca lucharían el uno contra el otro. Liddell negó la existencia de ese pacto, y la cosa se fue calentando cada vez más. De hecho, su relación ya no era en absoluto la misma que antes; suponemos que la competencia y el deseo de ser el mejor los fue distanciando, y ahora el fuego cruzado de declaraciones era cada vez más frecuente.

El combate por el título parecía inminente, pero, cuando todo estaba listo para por fin disfrutar de ese esperado duelo entre dos antiguos amigos, Ortiz se echó para atrás y se negó a pelear con Chuck antes de tener una revisión al alza de su contrato. Por esa razón, la UFC tuvo que inventarse un nuevo concepto de cinturón llamado «cinturón interino», un campeonato que se pone en juego solo cuando el campeón absoluto está lesionado o simplemente no se encuentra disponible para defender su título. El ganador de ese cinturón interino se haría con el derecho a pelear más adelante contra el campeón indiscutido en un combate de unificación del título.

Debido a la negativa de Tito a defender su campeonato, Liddell fue programado en un combate por ese interinato ante Randy Couture para decidir el próximo rival del campeón, y este último arruinó los planes de la UFC, ya que se llevó la victoria noqueando al conocido como Hombre de Hielo en el tercer asalto.

> **Couture fue quien tuvo la oportunidad de vérselas ante Ortiz, y también logró vencer al californiano, unificando el cinturón y proclamándose como el flamante nuevo rey del peso semipesado.**

Ahora que ya no había cinturón de por medio, ninguno de los dos peleadores estaba en la mejor posición negociadora como para poner ningún impedimento a la UFC a la hora de hacer realidad de una vez esa pelea, así que, después de sus respectivas derrotas ante Couture, por fin les tocó competir el uno contra el otro para determinar quién era realmente el mejor peleador de MMA.

En este primer combate, celebrado en abril de 2004, más concretamente en el UFC 47, fue Chuck quien se llevó el gato al agua tras noquear a su antiguo compañero en el segundo asalto, victoria que celebró muy efusivamente tras semanas de acusaciones mutuas.

«Esto no quedará así», aseguró un visiblemente afectado Ortiz. Liddell, por su parte, logró también el sueño de convertirse en campeón de la categoría. Logró sumar tres defensas del cinturón antes de intentar una cuarta ante el propio Tito en una esperadísima revancha.

Después de ese primer combate, las aguas no es que se calmaran, sino que se revolvían cada vez más, con ambos peleadores lanzándose pullas constantes y aludiendo a un próximo enfrentamiento que fue ganando más y más expectación con el paso de los meses y los años.

La espera se hizo larga, pero, tres años y medio después, la compañía programó la revancha para el UFC 66, en lo que fue el primer evento en la historia de la organización en obtener un millón de ventas en PPV. Dos enemigos iban a resolver sus problemas a piñazos dentro de un octágono, ¿qué más se le puede pedir a un deporte? El combate era, además, por el cinturón, un aliciente extra para ambos peleadores, que prometieron noquear al otro la noche del combate.

Esa promesa solo podría cumplirla uno de los dos, y, de nuevo, fue Liddell quien lo hizo. El campeón se demoró esta vez un poco más en finalizar a Ortiz, aunque terminó ganando de igual forma en el tercer asalto, **sumando su séptima victoria consecutiva por la vía del KO, un récord que sigue vigente veinte años después.**

Tito Ortiz estaba hundido, pero aceptó deportivamente su derrota tanto en el combate como en el cómputo global de la rivalidad…, o eso pensaron todos, ya que, adelantando el tiempo doce años, hasta 2018, resultó que ambos cuarentones volvían a subirse a un octágono para verse las caras por última vez.

Este combate, por supuesto, no tuvo lugar en la UFC, sino en una promotora llamada Golden Boy, propiedad del exboxeador Óscar de la Hoya.

Todas las declaraciones públicas por parte de Dana White y de otros destacados miembros de la UFC acerca de esta innecesaria pelea apuntaban en la misma dirección: la de lamentar ver a un Liddell de cuarenta y seis años tener que subirse a un octágono para ganar cuatro perras y volver a sentir la adrenalina de la competición que tanto amaba.

Chuck hizo oídos sordos a todas las advertencias y

terminó subiendo al octágono para ser brutalmente noqueado en el primer asalto.

Tito Ortiz celebró aquella victoria como si acabara de conquistar el cinturón de la UFC, cuando en realidad lo único que había hecho era vencer a un hombre de casi cincuenta años y claramente fuera de forma. Fue, además, el único que creyó haber vengado aquellas dos derrotas sufridas cuando ambos se encontraban en sus mejores años.

4 de noviembre de 2017 (UFC 217)
4 de agosto de 2018 (UFC 227)

T. J. DILLASHAW VS. CODY GARBRANDT

2-0

De grandes compañeros de entrenamiento a feroces enemigos, la historia de odio y violencia de T.J. y Cody podría considerarse perfectamente la mayor rivalidad en la historia de la compañía de no ser porque algunos ejemplos que nos quedan por ver tienen tintes aún más dramáticos que este.

Los dos protagonistas de esta historia se conocieron en el famoso gimnasio californiano Team Alpha Male, que tenía a Dillashaw como uno de sus peleadores más exitosos. Este, además, contaba con especial afinidad con el entrenador de *striking* llamado Duane Ludwig, quien jugó un papel muy relevante en todo este conflicto, ya que, al anunciar su intención de abandonar el Alpha para abrir su propio gimnasio, hizo que T. J. se replantease seriamente su estancia.

La noticia «bomba» del abandono de Ludwig supuestamente iba a ser algo privado, ya que el entrenador solo se lo contó al fundador (y también peleador) Urijah Faber con la intención de que este se guardase la exclusiva para sí durante un tiempo para no tensar el ambiente. Faber, cabreado por las supuestas «malas formas» con las que Duane se marchaba del Alpha, no dudó en romper el pacto de silencio. Poco después, todo el mundo ya sabía que uno de sus principales baluartes estaba a punto de abandonar el gimnasio para montar el suyo.

Eso sí, con su futuro ya fuera de ese lugar, Duane continuó con su trabajo como entrenador en el Alpha y, de hecho, estuvo en la esquina de T. J. Dillashaw cuando este logró vencer a Renan Barao para convertirse en campeón de peso gallo (135 lb [61,2 kg]). Segundos después de ganar la pelea, T. J. y Duane se fundieron en un caluroso abrazo, con el entrenador visiblemente emocionado, sin poder aguantar el llanto de alegría al ver a su pupilo más avanzado llegar a lo más alto.

Ese sería uno de los últimos servicios que Ludwig prestaría al Team Alpha Male, ya que no mucho después se mudó definitivamente a Colorado e inauguró el Elevation Fight Team.

Con Duane ya fuera del Alpha Male, T. J. combinaba entrenamientos en su gimnasio de siempre con el recién estrenado de su querido entrenador. Esta resultó ser una situación que finalmente se haría insostenible, ya que todo el gimnasio veía en Ludwig a un traidor, excepto Dillashaw, quien comenzó a marcar distancias con el resto del grupo.

Al mismo tiempo que la relación de T. J. con sus compañeros de siempre se iba torciendo, una nueva promesa del peso gallo llamado Cody Garbrandt surgía dentro del Alpha Male, y tuvo su debut en la UFC a los veintitrés años, donde ganó por TKO en el tercer asalto, dando un aviso a navegantes: las 135 libras tenían un nuevo peleador del que preocuparse.

El campeón por entonces, T. J., seguro que también se puso sobre aviso al ver el estreno de su compañero, aunque, tras muchas horas de entrenamiento compartidas, ya era consciente del gran nivel de su colega Garbrandt.

La palabra «colega» quizá se queda corta, ya que, en unas imágenes que han envejecido bastante mal, se puede ver a Cody defendiendo a Dillashaw de los ataques de Conor McGregor, quien, en una acusación que terminó siendo premonitoria, predijo que T. J. acabaría abandonando el Alpha Male para irse con el «traidor» de Duane Ludwig, cosa que

Cody quiso negar tajantemente al no imaginar que su amigo haría tal cosa.

El hecho de que hasta Conor McGregor, que no tenía relación ninguna con ese gimnasio, se pusiera a comentar los cotilleos internos del Alpha Male demostraba que ese lugar era una olla a presión.

Esa olla finalmente acabó explotando, ya que Dillashaw abandonó para siempre el Alpha Male para marcharse definitivamente al Elevation Fight Team con Ludwig. T. J. se fue con el cinturón de campeón bajo el brazo y, en lo que quizá se vio como un acto de karma por parte de sus ya excompañeros, perdió el título a principios de 2016 ante Dominick Cruz en su primer combate preparado íntegramente en el Elevation.

Cruz era el nuevo monarca de las 135 libras tras vencer a un histórico peleador del Alpha Male, pero lo que no sabía era que un miembro de ese mismo gimnasio sería quien le acabaría arrebatando el título a finales de ese mismo año, tras una exhibición de Cody Garbrandt, quien sumó en ese año cuatro victorias para cerrar 2016 con esa victoria de campeonato.

Desde el mismo día en el que Cody se coronó como el nuevo rey del peso gallo, todos sabían quién sería su primer rival para defender su recién ganado cinturón.

La UFC era consciente de que tenía un caramelito entre manos con este combate, y no dudó en hacer una edición de *The Ultimate Fighter* protagonizada por estos dos peleadores.

Durante el transcurso del reality, la cantidad de veces que Cody y T. J. se enzarzaron fue incontable. Dillashaw se burlaba de Garbrandt diciendo que se había marchado del Alpha Male porque se había cansado de hacerle llorar en los entrenamientos; Cody contestó a esa burla rompiendo todos los códigos y filtrando imágenes privadas de un antiguo *sparring* donde parecía que Garbrandt llevaba al suelo de un golpe al que era por entonces su colega.

Con todos estos encontronazos, las ganas de presenciar esta pelea estaban por las nubes y las expectativas por ver qué bando se salía con la victoria eran altísimas, así que la compañía no tardó en programar el combate para el UFC 217.

Llegado el día de la pelea, ambos peleadores tendrían que esforzarse, y mucho, por no dejarse llevar por sus sentimientos de odio hacia el oponente y lograr mantenerse calmados y técnicos durante su enfrentamiento, o lo pagarían caro debido a la tremenda peligrosidad de ambos.

Y uno lo hizo mejor que el otro. Aunque el campeón estuvo bien cerquita de retener su cinturón cuando casi noqueó al retador a pocos segundos de terminar el primer asalto, fue Dillashaw quien, en el segundo, logró finalizar a su rival para convertirse de nuevo en el rey de peso gallo y celebrar la victoria en la cara de Garbrandt en una imagen que pasó a la historia. Y, aunque sí hubo una muestra de respeto entre ambos, el hacha de guerra siguió en pie hasta el día de la revancha, que se llevó a cabo en el UFC 227, evento donde Cody cayó de nuevo, esta vez de forma aún más rápida que en la primera pelea. En esta ocasión, quien era el retador al título dejó la estrategia completamente de lado para centrarse únicamente en finalizar a su rival. **Sin embargo, a los cuatro minutos de comenzar la pelea, el campeón Dillashaw volvió a derrotar a su mayor enemigo.**

No tuvo que sentarle nada bien al pobre Garbrandt haber quedado 0-2 ante el peleador que más odió en su vida, ya que seguramente cargó con el peso de tener que representar a su gimnasio ante el supuesto «traidor» que los había abandonado; pero quizá encontró algo de paz mental al saber que, meses después de esa pelea, T. J. dio positivo por EPO y fue sancionado durante dos años sin pelear.

No quiero ni imaginar la rabia y la indignación que Cody sintió al oír la noticia, aunque algo me dice que no le sorprendió del todo, ya que, un tiempo atrás, dejó entrever en rueda de prensa que Dillashaw comentaba sus tropelías con sustancias prohibidas cuando aún era miembro del Alpha.

Con la sanción a T. J., la pregunta que todos los fans se hicieron fue: ¿qué habría pasado en esta rivalidad si Dillashaw hubiera peleado estando limpio? Por desgracia, es una pregunta que jamás tendrá respuesta.

7 de agosto de 2010 (UFC 117)
7 de julio de 2012 (UFC 148)

ANDERSON SILVA VS. CHAEL SONNEN

2-0

Estadounidense y brasileño respectivamente, parecen hoy dos increíbles amigos, cuyos caminos siempre han ido de la mano y los años de amistad les hacen disfrutar de grandes momentos juntos... Pero, unos años atrás, el American Gangster y la Araña tuvieron una de las rivalidades más míticas de la UFC.

Realmente, no parecía que existiera verdadero odio entre los dos peleadores, aunque Chael sí proclamaba muchas veces su antipatía hacia el histórico campeón de peso medio (185 lb [83,9 kg]) antes de enfrentarse a él. De hecho, en los meses previos a este primer combate, intentaba hacer ver a la gente que Anderson, ese mágico campeón admirado por todos, no era más que un fraude. Así que Silva le retó a que convirtiera sus palabras en hechos.

Esa invitación de su rival a que le intentase vencer dentro del octágono fue clave para que la que podría ser perfectamente una defensa más del título para Anderson (que ya acumulaba seis) terminase siendo uno de los combates más esperados de la época.

El culpable de todo fue Chael, quien decidió darle una vuelta de tuerca a su imagen pública para captar una atención que no estaba recibiendo por sus actuaciones deportivas dentro del octágono. Y, desde luego, lo consiguió; no por nada es considerado por muchos (un servidor incluido) como el mejor *trash talker* en la historia de la compañía. Sonnen intentó provocar a Anderson de todas las formas posibles, metiéndose tanto con él como con su familia, amigos, etc. El de Brasil parecía realmente cabreado por todas las burradas que su rival soltaba por la boca, y esto hizo del combate uno muy esperado para ver quién de los dos terminaría la noche comiéndose sus palabras.

Es curioso pensar que este enfrentamiento, en realidad, comenzó siendo un castigo para Silva, ya que supuestamente iba a enfrentar al campeón de peso wélter (170 lb [77,1 kg])

Georges St-Pierre en una superpelea entre campeones, pero, debido a la pobre actuación que había tenido la última vez que se había subido al octágono, Dana White le endosó una pelea aparentemente sin picante ni interés alguno.

Llegados al día del combate, en agosto de 2010, se daba por sentada la victoria de Anderson Silva, aun conociendo las grandes habilidades de Sonnen en el apartado de la lucha. Y precisamente gracias a ese *wrestling* y a una gran capacidad de dominar al oponente en el suelo, el retador estadounidense estuvo a punto de llevarse la victoria y el cinturón.

Si este combate, que encabezó el UFC 117, forma parte del Salón de la Fama como una de las mejores peleas de la historia es por lo que pudo hacer Silva a falta de dos minutos para el final de la contienda.

Y es que, después de pasarse veintitrés minutos a ras de lona siendo avasallado por su oponente, se sacó de la manga un triángulo de brazo que obligó a Sonnen a rendirse, dejando al estadounidense con la miel en los labios.

Este final de combate tan épico obligaba a la UFC a organizar de nuevo esta pelea para ver si Sonnen podría terminar el trabajo en una futura revancha o si, por el contrario, Silva era capaz de no sufrir tanto y finalizar antes a su rival.

Se tardó más de lo que muchos aficionados querían, pero, finalmente, dos años después, en julio de 2012, volvimos a ver a estos dos peleadores cara a cara, listos para batallar en la que fue catalogada como «La pelea más grande en la historia de la UFC». Nadie se la quería perder y, aunque el aliciente del último combate ya era más que suficiente para tener ganas de ver la segunda parte del evento, la promesa de Chael de que se iría para siempre de la empresa si perdía ante Silva fue el empujón final que la convirtió en cita obligada para cualquier fan.

La contienda pareció un calco de la primera durante el primer asalto, pero, desgraciadamente para The American Gangster, su rival le pilló por fin el truco a su estilo y pudo finalizar la pelea en el segundo asalto cuando ganó por KO técnico (TKO).

«Si quieres hacer una barbacoa en mi casa, estás invitado», le espetó Anderson a su abatido rival, que no tenía ni fuerza, ni ganas, ni ánimo para aceptar o rechazar la propuesta.

Chael, por cierto, no cumplió su promesa de irse de la

organización, pero absolutamente nadie se lo echó en cara, ya que se entendía que todo era parte del show del estadounidense para vender la pelea.

Con el paso de los años y con ambos peleadores ya retirados, las aguas se calmaron y pudieron entablar una bonita relación de amistad que perdura aún hoy en día, aunque, tal y como ha confirmado el propio Silva, Chael todavía no se ha dignado a aceptar la barbacoa.

5 de marzo de 2022 (UFC 272)
JORGE MASVIDAL VS. COLBY COVINGTON

1-0

Este es, sin duda, el caso más dramático de todos, y es que, de todas las rivalidades que ha habido a lo largo de los años, ninguna partió desde el punto en el que esta lo hace, ya que Jorge y Colby llegaron a ser mejores amigos que compartían piso, entrenamiento y el sueño de convertirse algún día en campeones de la UFC.

A ambos peleadores les iba bastante bien dentro de la compañía, pero el hecho de que fuera Covington el que más victorias había conseguido en su récord, al contrario que

Masvidal, que era algo más irregular, acabaría causando, siempre según la versión del propio Colby, una envidia por parte de Jorge.

El latino, sin embargo, argumenta que todo comenzó cuando su por entonces amigo decidió transformarse en ese personaje tan histriónico y faltón con todo el mundo que parecía sacado de la WWE. La gota que colmó el vaso, cuenta Masvidal, fue una promesa no cumplida de Colby con Paulino Hernández, el entrenador de *striking* del gimnasio en el que ambos entrenaban. Paulino contó a los periodistas que no había recibido el dinero prometido por Covington después de su victoria ante Rafael dos Anjos.

Desde ese momento, ambos caminos se separaron definitivamente. De hecho, Colby Covington se vio obligado a abandonar el gimnasio American Top Team debido a las diferencias tanto con Jorge como con Paulino y con el resto de los miembros del recinto, quienes no dudaron en posicionarse a favor de Masvidal en este conflicto que terminaría escalando a lugares aún más oscuros.

Dicen que ni los buenos son tan buenos ni los malos son tan malos, y en este caso creo que nunca llegaremos a saber de verdad qué pasó para que dos amigos que parecían muy íntimos se separaran y, además, de esta forma tan desagradable y cero amistosa. Aunque sí estaremos de acuerdo en que, a ojos del mundo, parece que fue Colby el gran culpable de que esta bonita amistad se rompiera.

El tiempo continuó su curso, y ninguno de los dos protagonistas pudo conseguir ese título que tanto ansiaban cuando compartían techo en su juventud, ya que, aun teniendo ambos dos oportunidades de convertirse en campeón ante Kamaru Usman, fueron incapaces de pasar por encima del nigeriano.

No pudiendo cumplir ese sueño por el que ambos tanto se habían ayudado mutuamente en un pasado, se llegó al momento que parecía imposible de imaginar unos años atrás: el anuncio de que el UFC 272 estaría protagonizado por una pelea entre Jorge Masvidal y Colby Covington.

No había título en juego, pero eso no importaba; no había fan de las MMA que no esperase con ansias un duelo entre dos tipos que habían pasado de ser íntimos a, literalmente, desearse lo peor que se le puede desear a una persona. De hecho, en la rueda de prensa previa al combate, pudimos ver una imagen única, como fue **la de tener a la policía encima del escenario vigilando que no se fuera la cosa de las manos**. El odio era muy real y los dos peleadores se acusaron mutuamente de haber roto la amistad que un día tuvieron.

Cuando llegó la hora de la verdad, sucedió lo que mucha gente temía, y es que Covington fue capaz de llevarse la pelea a su terreno y se aprovechó de su buen nivel en *wrestling* para anular las sensacionales habilidades de Jorge en el golpeo. Salvo alguna mano aislada que levantó al público del asiento, pensando que quizá presenciaríamos un milagro, Masvidal se vio superado durante los veinticinco minutos que duró el combate, y los jueces terminaron otorgando la victoria por decisión unánime a Colby. Para sorpresa de nadie, no hubo ni un mínimo gesto de reconciliación al terminar el duelo. Ni una mirada cómplice, ni un tímido choque de manos, nada. De hecho, sucedió todo lo contrario, ya que los dos hombres continuaron insultándose nada más sonar la bocina. «Sigues siendo una put*», se le pudo leer en los labios a Jorge, mientras su examigo se llevaba las manos a sus partes nobles. Todo amor, vamos.

Minutos después, en rueda de prensa, un apenado Jorge Masvidal no dudó en soltar una amenaza velada a Covington, cuando anunció que, por mucho que hubiera perdido el combate, le agrediría por la calle si se lo cruzaba por Miami. Y eso es justo lo que pasó.

Apenas veinte días después del evento, descubrió el local en el que Colby se encontraba y no dudó en acudir hasta allí, agredir por detrás a Covington

y romperle un diente en el proceso. Masvidal fue puesto inmediatamente a disposición policial y pasó una noche en el calabozo.

Con esta fea acción, muchos de los fans que estaban de su lado tras escuchar las barbaridades que Colby había dicho sobre su familia cambiaron de opinión al enterarse de la noticia. Nadie podía entender cómo, después de tenerlo frente a él durante veinticinco minutos para poder golpearlo legalmente mientras se embolsaba millones de dólares, decidía hacer fuera del octágono lo que no había podido lograr dentro.

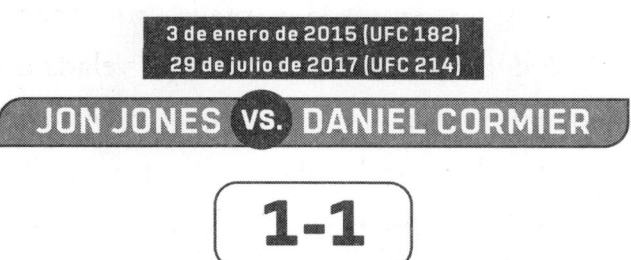

3 de enero de 2015 (UFC 182)
29 de julio de 2017 (UFC 214)

JON JONES VS. DANIEL CORMIER

1-1

Esta fue una rivalidad que surgió de la nada, pero que parecía destinada a ocurrir desde que Daniel Cormier aterrizó en la UFC con su récord invicto y coincidió con un Jon Jones, ya un campeón de leyenda del peso semipesado (205 lb [93,0 kg]), con ganas de encontrar a algún rival que le plantara cara.

Cuando Daniel llegó a la compañía, todo el mundo quería saber qué pasaría en un combate entre dos peleadores imbatidos el día que se vieran las caras, lo que hizo que, años antes de enfrentarse, ya les hubieran preguntado una y otra vez por esa hipotética lucha. Fue una de esas entrevistas la que lo desencadenó todo, ya que, a la enésima pregunta a Jones sobre quién ganaría en un duelo entre él y Cormier, Jon, con un tono algo vacilón, dijo que el nivel de lucha de Daniel estaba sobrevalorado y que esa arma no le bastaría para quitarle el cinturón. La cosa no acabó ahí; también quiso seguir incordiando a Cormier enviándole un mensaje privado en Twitter (ahora X):

> Espero que estés listo para venir con papá.

Cormier contestó:

> Te voy a hacer mierda.

Esto fue suficiente para caldear el ambiente, pero nadie imaginó lo que ocurriría en el careo previo a su combate del UFC 182. Los dos hombres se acercaron tanto que sus frentes se tocaron, haciendo fuerza una contra otra. A Daniel no le gustó y respondió poniendo la mano en el cuello de Jones, lo que provocó que este entrase en cólera. Apartó la mano de Cormier con fuerza y se abalanzó hacia él para lanzar un par de golpes. Ambos cayeron al suelo mientras cinco o seis hombres intentaban separar a las dos bestias en lo que es, seguramente, el careo más intenso de la historia de la UFC.

Si ya había ganas de ver un duelo de campeonato entre dos peleadores que nunca habían perdido un combate (Jones, técnicamente, tiene una derrota, pero fue por un golpe ilegal), el incidente en el careo disparó aún más la atención mediática.

Todo parecía apuntar a que Jones, quien ya sumaba siete defensas de su título, afrontaba la octava ante su rival más duro hasta el momento; pero eso no fue lo que ocurrió, porque el campeón ganó con solvencia por decisión unánime. Cormier plantó cara en los primeros asaltos, aunque siempre estuvo lejos de competir de tú a tú. Sin embargo, la mala sangre no quedó enterrada. De hecho, al sonar la bocina final, ambos siguieron enzarzados y el árbitro, que solo intentaba separarlos, se llevó algún golpe de rebote.

Jones consiguió su octava defensa y Cormier perdió el «cero» de su récord y se quedó con el corazón roto por no haber alcanzado el cinturón que tanto perseguía. Aunque no duró mucho ese escenario: como el único ser humano capaz de derrotar a Jon Jones parece ser el propio Jones, el campeón volvió a protagonizar un escándalo extradeportivo…, y esta vez fue de los gordos. A pocas semanas del UFC 187, donde intentaría su novena defensa, chocó su vehículo con el de una mujer embarazada, le rompió el brazo en el impacto y se dio a la fuga.

Se convirtió en el primer campeón en la historia de la UFC al que le arrebataron el título por problemas con la ley.

El cinturón, ahora vacante, se puso en juego en ese mismo evento entre Anthony Johnson y Daniel Cormier, quien entró como reemplazo en lugar del defenestrado excampeón y se alzó con la victoria por sumisión. Con el título en la cintura, en la entrevista a pie de octágono, Joe Rogan le preguntó por su actuación. Daniel pasó olímpicamente y lanzó un único mensaje: «Jon, arregla tu vida… ¡Te estoy esperando!».

La mejor forma de cerrar este *beef* era volver a enfrentarlos, y la UFC lo programó en el mayor escaparate posible: el icónico UFC 200, año y medio después del primer choque. Cormier vs. Jones 2, combate estelar de este evento, apuntaba a ser la pelea más grande vivida en los veintitrés años de la organización. Todo parecía encaminado a una noche épica.

En esta ocasión, no hubo agresiones en el careo, eso es cierto, pero sí hubo mucha violencia verbal en la rueda de prensa:

Jones: «¿Estáis listos para ver cómo le pateo el trasero por segunda vez?».

Jones: «Oye, Daniel, ¿qué les dirás a tus hijos cuando te pregunten qué pasó cuando te enfrentaste a Jon Jones?».

Daniel: «Les diré que Jon Jones era un idiota y un drogadicto».

Aquellas declaraciones ocurrieron el miércoles 6 de julio de 2016 y, veinticuatro horas después, en un giro dramático, la UFC anunció que la pelea se cancelaba tras un positivo por sustancias dopantes de Jon Jones. El UFC 200 se quedó sin el combate que todos querían a 48 horas del evento. Jon fue sancionado con un año sin competir, y la pelea acabó disputándose en julio de 2017, en el UFC 214.

Como en la primera ocasión, el combate empezó igualado, pero esta vez Jones se sacó de la manga una icónica patada alta de la que Cormier no logró reponerse. Daniel sumó su segunda derrota profesional ante el mismo rival que años atrás le había arrebatado el invicto y, además, perdió el cinturón del semipesado.

El nuevo rey de la división aseguró que su viejo «yo»

había muerto y prometió ser un atleta ejemplar dentro y fuera del octágono. Muchos le creyeron; tras la pelea, tuvo palabras cariñosas para su rival e incluso le dio un beso a un cabizbajo Cormier. Pero todo volvió a desmoronarse antes de lo previsto: **tres semanas después, se anunció que Jones había vuelto a dar positivo por dopaje.** Le arrebataron el cinturón, que regresó a manos de Cormier.

Han pasado los años y nada parece haber cambiado entre estos dos. Cada vez que pueden, se lanzan alguna pulla, aunque han dejado la puerta abierta a una charla amistosa cuando el tiempo ponga todo en su sitio. Ojalá llegue ese día; sería bonito ver a Daniel Cormier y a Jon Jones enterrar, por fin, el hacha de guerra.

6 de octubre de 2018 (UFC 229)

KHABIB NURMAGOMEDOV vs. CONOR MCGREGOR

1-0

Esta es la mayor rivalidad que ha habido en la UFC y la pelea más vista en la historia del deporte. Se llevó a cabo en 2018 y puedo decir, sin miedo a equivocarme, que nunca habrá un combate que genere más atención que este.

Ruso e irlandés respectivamente, no se llevaron mal al principio; de hecho, hay una imagen famosa de 2014 en la que posan amigables ante la cámara. También siguen circulando tuits donde se invitan a entrenar juntos... ¡Qué tiempos!

La chispa surgió años después, cuando un McGregor en su mejor momento puso a Khabib en guardia. Me explico: el de Dublín ganó en 2015 el cinturón de peso pluma (145 lb [65,8 kg]) y se convirtió, sin discusión, en la mayor estrella mediática de la UFC. Con la compañía comiendo de su mano, Conor buscó de inmediato un hito que nadie había logrado en ese momento: ser campeón simultáneo en dos divisiones. Y la UFC aceptó.

Como ya conté antes, el campeón de peso ligero (155 lb [70,3 kg]) cayó lesionado a pocos días del combate, y Conor entró en una rivalidad de dos peleas contra Nate Diaz. Tras ganar la revancha, McGregor retomó el plan del doble campeonato, y la compañía le puso enfrente al nuevo rey del ligero, Eddie Alvarez, que venía de arrebatarle el título a Dos Anjos.

Aquel cruce llegó en el UFC 205, en noviembre de 2016, el mismo día en que Nurmagomedov vencía a Michael Johnson para firmar su octava victoria seguida en el ligero. Tras la pelea, Joe Rogan fue a entrevistarlo como siempre, pero un Khabib muy cabreado ni siquiera esperó la pregunta y soltó la bomba:

Quiero mantenerme humilde, pero tengo que hablar, porque vuestro chico (Conor) habla demasiado. A principios de año tapeó (ante Diaz) como una gallina y hoy está peleando por el título… ¡Es una locura!

Chicos…, eso son hechos, no estoy hablando mierda. Por cierto, en Irlanda hay seis millones de personas; en Rusia viven ciento cincuenta millones.

Quiero pelear contra vuestra gallina, porque esa es la pelea más fácil en el peso ligero.

El ruso rara vez alzaba la voz, pero cuando vio que McGregor obtenía una oportunidad titular en una división en la que aún no había competido, mientras él encadenaba ocho victorias, le hirvió la sangre. Conor, además, había menospreciado ese récord invicto, y el daguestaní explotó. Esa misma noche, Conor ganó el título del ligero con una actuación impresionante y entró en la historia por la puerta grande como el primer bicampeón simultáneo de la organización.

Lo lógico habría sido programar ya el McGregor-Nurmagomedov por el ligero, pero Conor, una vez alcanzada la gloria en las MMA, decidió hacer una pausa para un combate de boxeo con Mayweather que lo dejó fuera de la UFC todo 2017. En ese tiempo, Khabib sumó otra victoria, y llegó abril de 2018, cuando todo saltó por los aires.

En el UFC 223, Khabib y Tony Ferguson encabezaban la cartelera por el título indiscutido del ligero (incautado a McGregor por inactividad). En esa misma semana peleaba Artem Lobov, íntimo amigo de Conor. Al ser preguntado por una hipotética pelea contra Khabib, dijo:

Conor aceptaría sin dudas, pero Khabib no se presentaría. Cada vez que le duele algo se cae de la pelea; ya lo ha hecho seis veces. Ni siquiera da el peso. No le importan los fans que vienen de Rusia a verlo. ¿Quién es la gallina? Conor siempre se presenta. Es un verdadero peleador; es el verdadero campeón.

Al día siguiente, en el hotel de Nueva York, Khabib encaró a su compatriota por esas palabras. Lobov se llevó una reprimenda… y una bofetada. Todo fue rápido: las declaraciones el lunes, la bronca el martes y, el miércoles, Conor ya estaba en la Gran Manzana tras un viaje exprés desde Dublín en cuanto supo que habían agredido a su amigo.

El irlandés llegó en jet privado con una decena de compatriotas, decidido a hacer pagar a Khabib. Esperó a que los peleadores subieran al autobús hacia la rueda de prensa y atacó el vehículo: lanzó una carretilla contra una ventana, rompió el cristal e hirió a varios atletas. Luego golpeó otras ventanas mientras desafiaba a Khabib a bajar al aparcamiento.

Por suerte, sus compañeros contuvieron a Nurmagomedov y no hubo una tragedia. Conor pasó la noche a disposición judicial.

Después de algo así, ya no había vuelta atrás: ruso e irlandés tendrían que resolverlo en el octágono.

Antes de eso, The Eagle debía ganar el título, y lo hizo, quedando desde esa noche confirmado, *de facto*, el cruce con Conor para unos meses después. La compañía no dudó en usar el «incidente del autobús» como munición promocional. Con cada mes que pasaba, el irlandés subía el tono en redes contra su oponente: nadie estaba a salvo de sus insultos (padre, esposa, religión…).

Khabib, por su parte, se mantuvo en silencio y con una calma sorprendente. En la rueda de prensa repitió una sola frase: «Yo hablaré el 6 de octubre».

Y vaya si habló. Ese UFC 229 tuvo a medio mundo pegado al televisor, fueran o no fans de las MMA. El ruso aplastó a Conor sin contemplaciones. Por momentos, se sentía tan superior que se dirigía a él en mitad del combate:

«¡Hablemos ahora! ¿Por qué no hablas ahora? ¡Venga, hablemos!».

No satisfecho con la sumisión en el tercer asalto, Khabib saltó la valla del octágono para atacar a un miembro del equipo de Conor que lo había estado insultando durante toda la noche. Fue un caos nunca visto en la UFC, el remate perfecto de los meses previos.

Pasarán los años y veremos grandes rivalidades, pero cuesta imaginar algo tan gigantesco como la eterna historia entre Khabib Nurmagomedov y Conor McGregor.

8
LAS MAYORES SORPRESAS EN LA HISTORIA DE LA UFC

A veces, los fans caemos en la trampa de creer que sabemos quién va a ganar y quién no tiene opción alguna de llevarse la victoria. Pero si las MMA se han convertido en uno de los deportes con mayor crecimiento en las últimas dos décadas también es, en parte, por las historias que conocerás a continuación: aquellas en las que peleadores que parecían destinados a ser aplastados por rivales claramente superiores sorprendieron al mundo y dejaron a los fans en estado de *shock*.

5 de marzo de 2016 (UFC 196)
NATE DIAZ vs. CONOR MCGREGOR

Este combate jamás debió haber entrado en una lista como esta, pero en 2016 hasta el mismísimo King Kong habría partido como menos favorito en una pelea contra el irlandés.

En aquellos tiempos, la fiebre por McGregor estaba en su punto más álgido, y cualquier intento de hacer como que

Diaz era una amenaza real a su imbatibilidad en la UFC era desechada de inmediato.

Conor había demostrado ser un pegador temible en las 145 libras, con su KO a José Aldo en trece segundos como ejemplo más reciente. Pero, tras caérsele la pelea por el cinturón de peso ligero contra Rafael dos Anjos por la lesión del brasileño, su combate ante Nate se llevaría a cabo en las 170 libras.

Diaz, por aquel entonces, competía en el peso ligero, pero, con apenas diez días de aviso, le era imposible dar las 155 libras en la báscula. Por esa razón, el combate tendría que disputarse en el peso wélter, 25 libras (11 kilos) por encima de lo que Conor estaba acostumbrado.

Debieron de surgir dudas sobre si su poder se trasladaría bien frente a un rival mucho más pesado que sus anteriores oponentes. Diaz, además, era reconocido por su gran mandíbula y por ser un peleador prácticamente imposible de finalizar, una especie de zombi en el octágono que sigue yendo hacia delante a pesar del daño recibido.

Nada de eso importó. Conor venía de tener un campamento completo; en cambio, Nate apenas había contado con tiempo de preparación, por lo que la pelea parecía destinada a ser otra victoria más para McGregor.

En aquel UFC 196 todo arrancó como se esperaba. Conor hizo notar sus manos pesadas, pero su rival ya no era un peso pluma, y Nate resistió los embates de un irlandés demasiado obcecado en buscar el golpe de KO. Y esa obsesión lo dejó exhausto al final del primer asalto. Los siguientes minutos fueron un infierno para él. Nate aprovechó el momento y cargó furioso ante un Conor que parecía hundirse mental y físicamente con el paso de los segundos.

El final llegó cuando, desesperado, McGregor intentó buscar un derribo. Nate lo arrastró a la lona y lo sometió con un mataleón.

Así fue la primera derrota del irlandés en la UFC. Todos, salvo Nate, parecieron no creer lo que acababa de pasar. La primera frase de Diaz cuando tuvo la oportunidad de hablarle al mundo se volvió icónica: «I'm not surprised, motherfuckers».

20 de agosto de 2022 (UFC 278)
KAMARU USMAN VS. LEON EDWARDS

Corría el año 2022 y Kamaru Usman vivía el mejor momento de su carrera. Cinco defensas del cinturón de peso wélter, nueve años sin perder y, lo más importante, dieciséis victorias seguidas, a solo una de igualar la mayor marca hasta la fecha.

Ese verano, el nigeriano debía enfrentarse de nuevo a un rival al que ya había vencido en el pasado, como ocurrió con Masvidal y Covington. En este combate ante Edwards, Usman se presentaba como el gran favorito para llevarse el duelo en el UFC 278.

El retador inglés llegaba a su esperado duelo por el título tras no conocer la derrota en sus últimas diez peleas y con siete años invicto a sus espaldas. Su última caída, precisamente, había sido ante el propio Kamaru.

Cuando llegó el día de la pelea, Leon sorprendió a todos con un gran primer asalto, pero esos cinco minutos iniciales parecieron un espejismo después del tremendo dominio que Usman impuso desde ese instante hasta el minuto final.

Antes de comenzar el último asalto, el lenguaje no verbal de Leon era desolador: lucía como un retador que se sabe perdedor de la gran oportunidad de su vida. Su entrenador, sin embargo, espoleó a su pupilo: «¡Deja de hacerte la víctima! ¿Qué te pasa? ¡Vas perdiendo y ahora debes sacar todo lo que tienes! Vamos, Leon, lo tienes».

Con ese empujón, Edwards sacó fuerzas de donde ya no quedaban y, a falta de sesenta segundos para el final, lanzó una de las patadas más icónicas en la historia de la UFC.

Con ese solitario golpe, que además ganó el premio al mejor nocaut de 2022, terminó el largo reinado de Kamaru Usman. Leon Edwards, haciendo honor a su apodo Rocky, se coronó campeón en una noche inolvidable.

4 de junio de 2016 (UFC 278)

LUKE ROCKHOLD vs. MICHAEL BISPING

Al igual que con el cambio del siglo xx al xxi, el UFC 199 se veía como el fin de una era y el inicio de otra. Por eso, la compañía decidió que el evento lo encabezaran el nuevo campeón de peso medio, Luke Rockhold, y el antiguo rey de la división, Chris Weidman, que tendría en esta revancha la oportunidad de vengarse de su verdugo y de recuperar lo que consideraba suyo.

Para desgracia de Weidman, este tuvo que bajarse de la pelea a catorce días del evento debido a una lesión en el cuello de la cual requirió cirugía. La UFC entró en pánico y no consiguió cerrar un combate entre el campeón y ninguno de los tres primeros del ranking, así que recurrieron al número cuatro: el veterano Michael Bisping, que unas peleas atrás ya había caído finalizado ante Rockhold.

El inglés, aun estando en pleno rodaje de una película y con poco foco en las MMA, aceptó sin dudarlo. Casi nadie sabía, además, que se encontraba completamente ciego de un ojo tras la patada que le había granjeado la derrota contra Vitor Belfort.

Cuando se anunció este nuevo evento estelar para el UFC 199, todos vieron la pelea como un simple trámite para Rockhold, a la espera de que Weidman se recuperase y le devolviera algo de emoción al título.

Pero Bisping no podía dejar escapar la oportunidad de su vida. El de Mánchester era el peleador que más combates había necesitado para llegar a una pelea de campeonato y, aunque las circunstancias no fueran las mejores, sabía que era su única ocasión de salir como campeón de las 185 libras.

Michael estaba más motivado que nunca. Rockhold, en cambio, ya se veía ganador antes incluso de entrar al octágono. Esa combinación fue fatal para el campeón, quien, apenas pasados tres minutos de pelea, estaba inconsciente tras ser noqueado por el veterano.

Nadie imaginó ese desenlace, salvo un Bisping que se convirtió de forma inesperada en el campeón de peso medio y en el único que lo hizo con un solo ojo. Toda una heroicidad digna de quedar en los libros de historia de la UFC.

24 de mayo de 2014 (UFC 173)
RENAN BARAO VS. T. J. DILLASHAW

Jon Jones, Demetrious Johnson, José Aldo… o Renan Barao. Los comentaristas de la UFC se preguntaban, antes de que comenzara el combate entre el brasileño y Dillashaw, quién era el verdadero número uno libra por libra de la compañía. Ese era el pedestal en el que todos tenían al campeón de peso gallo. Sus treinta y dos victorias seguidas hablaban por sí solas. El 5-2 cosechado por Dillashaw hasta la fecha no parecía suficiente como para poner en peligro el reinado de Barao.

El retador, además, había entrado con pocas semanas de antelación al UFC 173. El público aplaudió a T. J. por haber salvado el evento, ya que así tendrían la oportunidad de presenciar una nueva victoria del campeón.

Dillashaw, sin embargo, parecía tener otros planes, y en lo que Dana White calificó como la mayor sorpresa de todos los tiempos (igualada tan solo con una que aparecerá más tarde por aquí), T. J. abrió la boca de todos cuando dominó por casi cinco asaltos al invencible Barao antes de finalizarlo por nocaut técnico.

Lo de Dillashaw aquel día fue una de las mejores actuaciones que se recuerdan en una pelea por el campeonato. El que muchos consideraban el mejor peleador de toda la compañía fue incapaz de frenar a un retador que, ignorando a todos los escépticos, le pasó por encima en una auténtica exhibición.

VALENTINA SHEVCHENKO VS. ALEXA GRASSO

Todo fan que encendió el televisor en el UFC 285 tenía una idea clara de lo que ocurriría en las dos peleas de campeonato. En el combate estelar, Jon Jones tendría su prueba más dura en años ante el candidato Ciryl Gane. En la coestelar, Valentina Shevchenko sumaría su octava defensa del título al vencer a Alexa Grasso.

Absolutamente nada de eso ocurrió. Lo de Jones ya habrá tiempo para contarlo en otro libro si es necesario, porque la victoria de Alexa Grasso se llevó muchas de las portadas aquella noche.

Shevchenko parecía la peleadora perfecta, y daba la sensación de que nadie podría arrebatarle el título hasta que ella lo decidiera. Antes de vérselas con la mexicana, acumulaba nueve victorias seguidas, siete defensas y seis años sin conocer la derrota.

Grasso se ganó su oportunidad titular tras encadenar cuatro triunfos, pero esa racha apenas impresionó al público, que, en su mayoría, veía imposible que sorprendiera a la campeona.

Sin embargo, Alexa se mantuvo firme durante los primeros cuatro asaltos. El combate no era un monólogo de Shevchenko, pero todo apuntaba a otra defensa exitosa para la kirguisa.

En ese cuarto asalto, Valentina intentó una de sus armas favoritas: la patada giratoria. Grasso había entrenado tanto ese movimiento que reaccionó de inmediato, tomó la espalda de Shevchenko, la llevó al suelo y encajó un *face crank* que la obligó a rendirse.

La mexicana no se lo podía creer. Un segundo después de que el árbitro detuviera el combate, ya se tapaba la cara escondiendo unas lágrimas de alegría. Su compañero de entrenamiento y amigo, Diego Lopes, saltó raudo a la jaula para alzarla hacia el cielo de Las Vegas para que el público ovacionara a la inesperada nueva reina del peso mosca.

6 de julio de 2013 (UFC 162)

ANDERSON SILVA VS. CHRIS WEIDMAN

Dicen que el mundo está construido sobre imperios que se creyeron eternos. Un dicho que Anderson Silva decidió ignorar.

A lo largo de este libro, ya hemos visto el auge y caída del mejor peso medio de la historia. Su imperio se desmoronó en el UFC 162, en julio del 2013. Al igual que en sus anteriores diez defensas del cinturón, este nuevo duelo ante Chris Weidman se veía como un trámite que el brasileño debía superar para seguir haciendo historia.

El retador estadounidense, sin embargo, fue uno de los rivales que más confiado se mostró de cara al combate ante la Araña. Weidman jamás había perdido un enfrentamiento y llegó a esta oportunidad de arrebatarle el cinturón al campeón más longevo de todos los tiempos con un récord de 9-0.

La diferencia de experiencia entre ambos era demasiado grande, y el joven Chris, aun con grandes habilidades tanto de *wrestling* como de golpeo, tenía enfrente un reto enorme demasiado pronto en su trayectoria.

El campeón brasileño volvió a dar por sentada su victoria y, como en sus últimos combates, se dedicó más a burlarse de su rival que a intentar finalizarlo. En esta ocasión, para desgracia de Silva, se encontró con alguien frío y calculador. Un oponente que no cayó en provocaciones y que esperó pacientemente su momento, el cual llegó nada más comenzar el segundo asalto.

Lo imposible se hizo realidad. Chris Weidman había noqueado a Anderson Silva, poniendo punto final a más de seis años de reinado.

«¡No puedes jugar en el octágono!», gritaba un incrédulo Joe Rogan desde la cabina de comentaristas.

Una vez despierto, Anderson pareció darse cuenta de inmediato de que sus vaciles habían llegado demasiado lejos y de que ya no había vuelta atrás: el cinturón que le había acompañado durante tantos años se había esfumado de la forma más estúpida posible.

El *shock* fue tal que las redes se llenaron de teorías conspirativas que decían que Silva se había dejado ganar a propósito para reavivar su carrera.

Esta idea llegó incluso a la rueda de prensa de esa misma noche, donde Dana White respondió: «¡Claro! ¡Por supuesto que la pelea estaba arreglada! Ahora en serio, esa es la cosa más estúpida que oí en mi vida».

Era difícil de asimilar para todos, pero en el UFC 162 se cerró una de las páginas más gloriosas en la historia de la UFC.

10 de septiembre de 2023 (UFC 293)
ISRAEL ADESANYA VS. SEAN STRICKLAND

«Sé que esta será una pelea dura, una en la que sangraré y probablemente pierda unas cuantas neuronas».

Son las palabras de un retador cuando ni él mismo imaginaba lo que ocurriría la noche del UFC 293, cuando se midió con Israel Adesanya por el cinturón de peso medio.

El nigeriano afrontaba su segunda etapa como campeón tras recuperar el título de forma increíble ante Alex Pereira. Y si Izzy había sido capaz de noquear al Poatan, considerado uno de los mejores *strikers* de la historia..., ¿qué no le haría al pobre e indefenso Strickland?

El estadounidense entró en esa pelea de rebote, ya que el retador previsto para Adesanya era Dricus du Plessis. Sin embargo, el sudafricano avisó con unas semanas de margen de que no llegaría a tiempo debido a molestias físicas que le impedían estar al cien por cien.

Ahí apareció Sean, que venía con un 2-2 en sus últimas cuatro apariciones. La pelea que todos querían ver era la de Israel contra Dricus, así que, en teoría, este extraño duelo entre Strickland y el campeón debía resolverse rápido para dar paso al esperado choque entre africanos.

Pero si las MMA son uno de los deportes más seguidos del mundo es por noches como esta. Para sorpresa de todos, aquel día fue Strickland quien propinó la pérdida de neuronas al rival, y no al revés.

Adesanya se vio totalmente apagado durante los veinticinco minutos que duró el combate, y Strickland, más activo, hizo lo suficiente para convencer a los jueces y llevarse la victoria.

De esta forma, The Last Stylebender perdió el título ante quien muchos consideraban el retador más sencillo al que se había enfrentado.

Independientemente de que Sean jamás pudo defender ese

cinturón, el hecho de haberlo conquistado frente a una de las mayores leyendas del peso medio en la historia de la UFC es algo que ningún fan olvidará jamás.

15 de noviembre de 2015 (UFC 193)
RONDA ROUSEY vs. HOLLY HOLM

Al igual que en el caso de Anderson Silva, esta sorpresiva derrota significó un antes y un después en la vida de Ronda Rousey.

Ser medallista olímpica, campeona invicta y estrella mundial fue demasiado para el ego de Ronda, que se emborrachó de fama. Se sentía cómoda en esa posición de figura pública, y cada victoria por finalización la colocaba bajo aún más focos.

Con el paso de las peleas, junto a su entrenador, optó por sacar a relucir más su *striking*. Quería demostrar que no era solo una judoca exitosa dentro de las MMA, sino la artista marcial más completa de la compañía.

Esta nueva versión brilló cuando alcanzó el 12-0 con un nocaut en el primer asalto sobre Bethe Correia. Aquella victoria reforzó todavía más la idea de seguir mostrando sus manos, por lo que Ronda decidió mantener esa estrategia frente a su siguiente retadora, Holly Holm.

Holm, campeona de boxeo y *kickboxing*, seguramente pensó que Rousey intentaría llevarla al suelo para neutralizar sus fortalezas. Pero en el UFC 193, a finales de 2015, ocurrió lo contrario.

Ronda era favorita en las casas de apuestas por un margen casi insultante. Nadie esperaba que quisiera retar a una de las mejores *strikers* del mundo en su propio juego. La estrategia fue suicida, y el cuento terminó de la peor manera.

La humillación fue absoluta. Aunque la pelea duró apenas seis minutos, quedó claro que Rousey jamás tuvo opción de ganar. Tras el primer asalto, era de esperar un cambio de rumbo que nunca llegó. Holm elevó su pierna izquierda hasta la barbilla de Rousey y noqueó a quien, hasta ese momento, era vista como una especie de figura intocable dentro del deporte.

Es probable que, de haberse dado este combate unos años antes, con Ronda en pleno ascenso, el resultado hubiera sido otro. Pero aquel UFC 193 fue la tormenta perfecta para presenciar uno de los momentos más impactantes que se recuerdan.

11 de diciembre de 2021 (UFC 269)
AMANDA NUNES vs. JULIANNA PEÑA

Todos los campeones, por lógica, tienen fecha de caducidad.

Pero si Valentina Shevchenko, Cris Cyborg, Holly Holm y Ronda Rousey fueron incapaces de arrebatarle el cinturón a Amanda Nunes, Juliana Peña no iba a ser la elegida para lograrlo, ¿verdad?

La estadounidense de raíces venezolanas era la nueva retadora «por defecto». Amanda se quedaba sin oponentes, así que cualquier peleadora con una racha decente de victorias obtenía el derecho a ir como cerdo al matadero a su pelea por el campeonato.

Juliana consiguió ese tíquet tras sumar solo dos victorias en cuatro años. Esa era la situación del peso gallo femenino, dominado con mano de hierro por la campeona brasileña, que ya acumulaba doce triunfos consecutivos.

En el momento de la pelea, a finales de 2021, se cumplían cinco años desde que Peña había asegurado que, cuando le llegara la oportunidad de enfrentarse a Amanda, sería ella quien la venciera. Nadie la creyó, pero la estadounidense insistió en que no se sorprendieran cuando ocurriera.

El UFC 269 llegó, y en el primer asalto todo parecía seguir el guion habitual. Nunes tumbó a la retadora dos veces en menos de minuto y medio.

Pero en el que es recordado como uno de los asaltos más frenéticos de todos los tiempos, Peña le perdió el respeto a Nunes y fue a por ella sin piedad, aun a costa de recibir castigo. Amanda, sorprendida por la agresividad de una rival que se lanzó al todo por el todo, entró en un peligroso intercambio de golpe por golpe.

Gastó más energía de la prevista, y Juliana aprovechó su desconcierto para llevarla al suelo y forzar su rendición incluso antes de tener bien cerrado el mataleón. Peña acababa de derrotar física y mentalmente a la mejor peleadora de todos los tiempos.

Segundos después de lograr lo imposible, se la vio mirar al equipo de comentaristas y decirles: «I told you» («Os lo dije»). La nueva campeona también repitió la frase icónica de Nate Diaz tras sorprender a McGregor años atrás. Cuando Joe Rogan le preguntó su opinión sobre lo ocurrido, Peña gritó: «I'm not surprised, motherfuckers!».

Ella no estaba sorprendida, pero el mundo entero quedó anonadado tras presenciar uno de los acontecimientos más inesperados en la historia de la UFC.

7 de abril del 2007 (UFC 69)

GSP VS. MATT SERRA

Ha pasado muchísimo tiempo, pero ninguna otra pelea ha superado, por el momento, la sorpresa que supuso ver a

Matt Serra derrotar a Georges St-Pierre en el UFC 69, allá por el 2007.

GSP estaba listo para iniciar su andadura como campeón de peso wélter. Su futuro era brillante y todos lo señalaban como la próxima gran estrella de la UFC. Si alguna vez se imaginaba una derrota, desde luego no iba a ser ante Serra.

El estadounidense llegaba con un récord de 9-4 y, de sus últimas seis apariciones, solo había ganado tres. Hasta ese momento, su paso por la UFC estaba lejos de lo esperado para un contendiente al título. Sin embargo, su participación en el reality *The Ultimate Fighter* lo cambió todo. Tras ganar el programa, se le concedió la oportunidad de pelear por el campeonato.

Si la oportunidad hubiese dependido únicamente de su rendimiento en la UFC, Serra jamás habría llegado a disputar una pelea de campeonato. Pero la compañía, interesada en darle prestigio deportivo al programa, lo empujó a la pelea más importante de su vida.

Un campeón que apuntaba a leyenda contra un tipo «del montón» dentro de las 170 libras. Todo hacía pensar que St-Pierre despacharía rápido a su rival para centrarse en los verdaderos aspirantes de la división.

Aquella noche, sin embargo, se hizo historia. Matt pudo conectar limpiamente al campeón a mitad del primer asalto.

St-Pierre quedó sorprendido, y quiso responder al fuego con más fuego. Pero, desde ese primer golpe, el canadiense estaba tocado. Cada impacto posterior lo desorientaba más y, tras luchar contra su propio cuerpo para no caer pese a las embestidas de Serra, GSP terminó yéndose al suelo. Para no recibir más castigo, tapeó en la lona buscando el rescate del árbitro, que llegó de forma instantánea.

Todos quedaron sorprendidos, pero el lenguaje corporal de Serra tras la victoria dejaba claro que ni él mismo terminaba de creer lo que había logrado.

El simple hecho de compartir jaula con St-Pierre ya le parecía un regalo, pero haberlo noqueado en el primer asalto era algo indescriptible.

La golpiza que le propinó Georges un año después para recuperar el cinturón reafirmó la creencia de que lo ocurrido en aquel UFC 69 fue la sorpresa más grande de todos los tiempos.

9

DATOS REALES QUE PARECEN FALSOS

La UFC está repleta de historias tan increíbles que parecen inventadas.

Hay cifras, anécdotas y récords tan absurdos que podrías pensar que son una broma, pero son cien por cien verídicos. Lo que vas a leer en este capítulo no son exageraciones, ni invenciones, ni comedia: son hechos reales tan estrambóticos que parecen mentira.

O'MALLEY EL PATILARGO

Sean O'Malley es el peleador más alto de toda la división de peso gallo. Su gran alcance le ha permitido ser un luchador elusivo y prácticamente inalcanzable para cualquier rival en el apartado del *striking*. Sugar tiene unas piernas larguísimas, tan largas que superan incluso a las del excampeón de los pesos pesados, Stipe Miocic.

El antiguo monarca de los pesados tiene un torso gigante, y jamás lució empequeñecido en los cara a cara con otros gigantes de su división. Sin embargo, la distancia entre su cadera y sus pies resulta menor que la de un hombre que compite seis categorías por debajo de él.

Este curioso dato se hizo público durante la retransmisión de su primer combate contra Chito Vera, cuando el narrador Jon Anik lo reveló y dejó tan sorprendido a Joe Rogan como seguramente a ti ahora mismo.

UFC KNOCKOUT

En los primeros años de la compañía, los eventos PPV no solo se identificaban con un número (UFC 300, UFC 323, etc.), sino también con un nombre propio que buscaba darle un toque especial y diferenciador a cada velada. Por ejemplo, el UFC 45 se tituló Revolution, el UFC 34 fue High Voltage y el UFC 12 se llamó The Judgement Day.

El caso más irónico fue el UFC 76, un evento repleto de peleadores con múltiples nocauts en sus carreras. Entre todos sumaban cincuenta y dos victorias por KO. Debido a esta estadística, algún genio decidió bautizar el evento como Knockout. Pero, como ya te habrás imaginado, esa noche de septiembre de 2007 terminó con cero KO ante un público que seguro exigió la devolución de su dinero por publicidad engañosa. Fue la primera vez en la historia de la UFC que ocurrió semejante paradoja.

EL CAMPEÓN DEL PALILLO

Benson Henderson es uno de los mejores pesos ligeros que han competido en la UFC. De hecho, durante su reinado, logró defender el título hasta en tres ocasiones, las mismas que el legendario Khabib Nurmagomedov.

Eso ya sería un logro suficiente como para ser recordado, pero lo más curioso fue que lo consiguió llevando siempre un palillo de madera escondido en la boca. Henderson era adicto a ese mondadientes: entrenaba con el palillo, peleaba con él y hasta pasaba su tiempo libre con uno entre los dientes.

La normativa de la UFC, obviamente, prohibía semejante práctica, pero Benson lo ocultó durante muchos años. Él siempre negó haberlo hecho, aunque no era la primera vez que las cámaras lo captaban con el palillo en plena acción. Años más tarde, terminó admitiendo que sencillamente era un hábito que nunca quiso abandonar.

EL PESO LIGERO NO VALE PARA NADA

Cuesta de creer, pero la que probablemente sea la división más seguida de la UFC en los últimos diez años llegó a ser considerada una pérdida de tiempo. Tanto fue así que la compañía decidió «congelarla» durante tres años completos.

En declaraciones *off the record*, los mandamases comentaron que los peleadores «eran demasiado pequeños» y que esa categoría no despertaba suficiente interés del público.

Por esa razón, tras la marcha del campeón James Pulver por problemas contractuales y el empate en la pelea por el cinturón vacante en el UFC 41 entre B. J. Penn y Caol Uno, la compañía decidió dejar muerta esa división. Desde febrero de 2003 hasta octubre de 2006 no se disputó un solo combate por el título de las 155 libras.

Años después, el peso ligero se convirtió en la gallina de los huevos de oro para la UFC, albergando a algunos de los peleadores más mediáticos de todos los tiempos: Conor McGregor, Khabib Nurmagomedov, Dustin Poirier, Charles Oliveira e Ilia Topuria entre otros.

2 POR 1

Hoy parece difícil de imaginar, pero, años atrás, hubo un mágico día donde, para deleite de los fans, la UFC llegó a organizar dos eventos en un mismo día.

El 28 de junio de 2014 fue una jornada histórica. Primero,

desde Texas, se celebró un UFC Fight Night encabezado por Cub Swanson contra Jeremy Stephens. Y cuando esa terminó, apenas dio tiempo a ir a por otra cerveza, ya que inmediatamente después comenzaba el Fight Night de Nueva Zelanda con Nate Marquardt contra James Te Huna como combate estelar.

No era la primera vez que la compañía probaba este experimento, pero sí fue la última. Desde entonces, ningún aficionado ha vuelto a tener la oportunidad de encadenar dos veladas oficiales en una sola tarde. Quien vivió aquel día de maratón UFC lo recordará siempre.

TATUAJE TEMPORAL

En 2002, la UFC estaba en una situación delicada, al borde de la quiebra. Por eso, cualquier imprevisto podía ser catastrófico. Y uno de los más surrealistas de su historia, y el que estuvo a punto de arruinar la compañía para siempre, fue por culpa de un tatuaje de henna.

En el UFC 39, Ricco Rodriguez se enfrentaba en el *main event* a Randy Couture por el título de los pesos pesados. Como parte de una campaña publicitaria, Ricco apareció con la espalda cubierta por un enorme tatuaje temporal promocionando al casino Golden Palace. Raro, pero algo que por sí solo no debía suponer un asunto tan grave como el que estamos planteando en estas líneas. El problema era que el evento se celebraba en otro casino competidor, cuyos dueños estallaron de furia al ver al peleador con publicidad enemiga en mitad de su recinto.

Exigieron a Dana White que retirara inmediatamente el tatuaje, bajo amenaza de cancelar todo el evento. En aquel momento, una suspensión significaría un golpe mortal para la UFC. Por suerte, los jefes lograron calmar las aguas y la velada se llevó a cabo con total normalidad después de que Dana y los suyos se llevaran un susto de muerte.

CAMPEÓN NEGATIVO

Para ser campeón de la UFC y portar el cinturón más famoso del mundo, por lo general, debes acumular una racha de victorias suficiente como para poder llegar hasta el defensor actual. Normalmente, se necesitan al menos dos, tres, cuatro, cinco o más triunfos para poder pelear por el título.

Pero en un muy lejano 1997 ocurrió algo insólito: Maurice Smith debutó en la empresa en el UFC 14 peleando directamente por el cinturón de los pesos pesados, con un récord en MMA de 5 victorias y 7 derrotas.

Poco le importó a la compañía ese récord negativo, ya que se daba por hecho que el campeón por entonces, Mark Coleman, lo derribaría y le vencería sin dificultades. Sin embargo, Smith sorprendió a todos y acabó derrotando a Coleman, convirtiéndose así en el primer y, hasta hoy, único campeón en la historia de la UFC que ha logrado conquistar un cinturón con récord negativo.

ME VISTO Y SALGO

Dan Ige es un peleador que nunca será campeón de peso pluma, pero que ya tiene un lugar asegurado en la historia como el hombre que aceptó un combate con apenas cuatro horas de aviso.

Aquel día, Ige estaba tranquilamente en su casa, dándose un masaje de recuperación, dispuesto a pasar una buena tarde disfrutando del UFC 303. Lo más probable es que la pelea que más le emocionara fuera la coestelar, ya que se trataba de un combate en su misma división entre Diego Lopes y Brian Ortega. Pero cuando este último se cayó del evento a última hora, Ige, ni corto ni perezoso, escribió a los directivos de la UFC para pedirles que le dejaran sustituirlo. Vivía a solo diez minutos en coche del recinto. Y la compañía aceptó su propuesta.

Se vistió deprisa y corriendo, se echó perfume y se subió al octágono esa misma noche. Perdió la pelea, sí, pero poco importó el resultado, ya que aquel gesto improvisado convirtió a Ige en parte de la historia de la UFC.

DANA WHITE CONTRA TITO ORTIZ

Antes de ser el presidente de la UFC, White trabajaba como el representante de algunos peleadores, entre ellos, el futuro campeón de peso semipesado, Tito Ortiz. La relación era buena, pero todo cambió en cuanto White pasó de ser su agente a convertirse en su jefe.

Desde ese momento, ya no negociaba para mejorar los contratos de Ortiz, sino para defender los intereses de la empresa. Aquello rompió su amistad por completo.

Tras meses de declaraciones cruzadas, ambos decidieron resolver sus diferencias en un ring de boxeo. Es decir, los fans estaban a punto de ver al presidente de la UFC enfrentarse a uno de los peleadores más mediáticos de la compañía. Incluso la cadena Spike TV grabó un documental sobre los entrenamientos de Dana en su campamento de boxeo.

Sorprendentemente, al final el que se echó atrás fue Tito. La pelea jamás se celebró, dejando a todos con las ganas de ver uno de los episodios más surrealistas en la historia de la organización.

COCINEROS CONTRA LA UFC

El histórico UFC 205 de noviembre de 2016, evento donde McGregor se convirtió en el primer doble campeón en la historia de la UFC con una actuación legendaria, fue la primera cartelera de la compañía llevada a cabo en Nueva York desde 1997. Y ojo a esto: una de las principales razones de este veto a las MMA en el estado fueron las presiones de la Asociación Culinaria de Las Vegas. Este lobby tenía mucha influencia dentro de la política neoyorquina y no quería ni en pintura a la UFC.

Y, con toda lógica, estarás pensando: ¿qué más le dará a una asociación culinaria de Las Vegas lo que pase con la UFC en Nueva York? El motivo era sencillo: la asociación había tenido varios problemas legales con los hermanos Fertitta, quienes, además de ser dueños de la UFC, también poseían hoteles en Las Vegas con los que había mantenido disputas judiciales. Desde entonces, había decidido usar toda su influencia en la política para boicotear cualquier intento de legalización del deporte en Nueva York, perjudicando así a sus enemigos Fertitta. Finalmente, la UFC era ya demasiado grande y popular como para seguir siendo prohibida y, desde aquel UFC 205, el Madison Square Garden ha albergado muchas noches históricas.

CAMPEÓN Y TAXISTA

En julio del 2023, Alexandre Pantoja se convirtió en campeón de peso mosca. Y lo que contó días después en una de sus primeras entrevistas como el rey de las 125 libras sorprendió a todos.

El brasileño admitió que, apenas dos peleas antes, cuando se había enfrentado a Manel Kape siendo ya el número cinco del ranking (febrero del 2021), Alexandre había tenido que aceptar un segundo trabajo como repartidor de Uber Eats para poder llegar a fin de mes. Durante la pandemia, su familia había tenido que regresar a Brasil mientras él se quedaba en Florida entrenando y, tras ganar aquella pelea, se había gastado casi todo lo que tenía en una casa para que pudieran reunirse de nuevo con él. Esa fue la razón que lo había llevado a dividirse entre el gimnasio y el trabajo como repartidor. Poco después, tras vencer a Brandon Royval (agosto del 2021), pudo dejar el taxi y dedicarse por completo al objetivo que acabaría cumpliendo: convertirse en campeón del mundo.

NO TE CREO

Aunque las lesiones y cancelaciones son habituales en un deporte tan duro como las MMA, nunca ha habido nada parecido a lo ocurrido en el UFC 24, evento donde se llevaría a cabo un esperado combate por el título de los pesados entre Kevin Randleman y Pedro Rizzo.

Todo estaba yendo perfecto: ambos peleadores habían llegado ya al recinto y empezaban a calentar un poco, preparando al cuerpo para entrar en acción en unos minutos.

Desgraciadamente, el campeón Randleman se vino un poco arriba y calentó demasiado. Resbaló y cayó de bruces contra el suelo, golpeándose la cabeza y quedando completamente inconsciente. Es decir, técnicamente, el suelo se convirtió en campeón de los pesos pesados tras ganar por KO al rey de la división.

Hubiera estado bien ver la reacción de Pedro Rizzo al enterarse, justo antes de salir a competir, de que su oponente se hallaba ya inconsciente e iba de camino al hospital.

PELEA EN ASCENSOR

En 2006, Bruce Buffer, el famoso comentarista de la UFC, y su colega Frank Trigg, peleador clasificado en ese momento en la categoría de peso wélter, se disponían a salir de un edificio para ir a tomar algo. En el ascensor que los llevaba a la planta baja, coincidieron con el jefe de la compañía, Dana White.

Trigg aprovechó la ocasión para pedirle un aumento de sueldo a Dana, pero, mientras hacía su súplica, Buffer cortó la conversación para comentarle al presidente que le gustaba el reloj que llevaba. Frank, un tipo orgulloso e impulsivo, no soportó aquella interrupción y le golpeó en seco en el cuello. Buffer, otro tipo orgulloso (y con algo de experiencia en boxeo), no se quedó quieto y le devolvió los porrazos.

Durante diez pisos, ambos amigos se dieron hasta en el carnet de identidad, con Dana como espectador de lujo. Al llegar a la planta cero, Frank y Bruce se estrecharon la mano tranquilamente, como si nada hubiera pasado, y Buffer se fue al hospital para curarse los nudillos, que le sangraban bastante.

Hoy, muchos años después, estos dos tipos siguen siendo grandes amigos.

KHABIB, EL SIN SANGRE

No porque un dato sea más que conocido por todos deja de resultar surrealista.

En un deporte de contacto como las MMA, donde puedes recibir cualquier tipo de golpe, ya sea queriendo o incluso sin intención alguna, como un buen cabezazo en la ceja, el ruso nunca derramó ni una gota de sangre en el octágono.

Su dominio era tal que rara vez salía ni con una simple marca en la cara tras enfrentarse a los mejores del mundo.

Hay peleadores que tienen la piel muy sensible y, al mínimo contacto, se les abre una herida. No fue el caso de Khabib, quien, aunque recibió golpes a lo largo de su carrera, jamás permitió que el público lo viera como un simple mortal. Cuesta imaginar que algún día haya otro peleador que se retire invicto como él, pero lo que sí parece imposible es que nadie más se despida de la UFC sin haber sangrado jamás.

COCODRILOS Y TIBURONES

En los meses que precedieron a la inauguración de la UFC, muchas cabezas pensantes debatían sobre el diseño que debía tener la plataforma donde los peleadores se enfrentarían. Una vez que quedó decidido que sería un octágono, se plantearon algunos alicientes extras para darle un toque aún más rudo al deporte.

Lo creas o no, Rorion Gracie admitió que se propuso la opción de rodear el octágono con un foso lleno de cocodrilos o tiburones para que los peleadores no pudieran escapar. Otros sugirieron que la verja fuera eléctrica, para incentivar el choque frontal en el centro de la jaula.

Estas ideas, por razones obvias, nunca fueron aceptadas.

10

DIEZ RÉCORDS DE LA UFC QUE SON IMPOSIBLES DE SUPERAR

Dicen que las estadísticas están para romperlas, pero algunos récords parecen escritos en piedra. Los que verás a continuación no solo parecen imposibles de igualar, sino que cada año que pasa se alejan un poco más de ser superados.

LA PEOR RACHA DE DERROTAS EN LA HISTORIA DE UFC

Lo que parecía imposible acabó haciéndose realidad.

El Cucuy Tony Ferguson, conocido años atrás como uno de los mejores pesos ligeros de la historia, pasó de ser considerado una leyenda a convertirse en un meme. Aun así, los fanáticos de la UFC siguieron valorando a un peleador que había encadenado doce victorias consecutivas en la división más competitiva de la compañía.

El hecho de no saber retirarse a tiempo manchó para siempre un currículum que iba camino de ser histórico. Aunque, pensándolo bien, lo fue, pero por razones totalmente contrarias a lo que nadie imaginó.

Después de seis años de victorias, llegó el fatídico 2020, y a Tony le tocó vérselas con un Justin Gaethje en plena racha. El combate era por el título interino (Khabib tenía el indiscutido, pero no podía salir de Rusia en plena pandemia). Aquella noche de abril, en el UFC 249, el menos favorito dio la sorpresa: castigó a Tony durante cinco asaltos hasta finalizarlo en el último. Con esa derrota, Ferguson se quedó con un resultado de 25-4.

En ese momento ya tenía treinta y siete años, una edad poco ideal para competir en la categoría de las 155 libras, donde la velocidad y los reflejos son clave para ser mejor que tu oponente. A pesar de ello, resultaba inverosímil pensar en un retiro: el peleador sumaba doce victorias y una sola derrota en sus últimas trece apariciones, así que decidió continuar persiguiendo su sueño de ser algún día campeón indiscutido.

Lo que Ferguson no sabía era que esa derrota ante Gaethje le pasaría factura de una forma que jamás hubiera pensado. Nunca más volvió a ganar en la UFC. Combate tras combate, sus actuaciones resultaban aún más descorazonadoras para quienes deseaban verlo triunfar una última vez.

Tras caer contra Gaethje llegaron Oliveira, Dariush, Chandler (primera derrota por KO de su carrera), Nate Diaz, Bobby Green y Paddy Pimblett. Ojalá la lista hubiese terminado ahí, porque Tony habría empatado el nefasto récord de B. J. Penn con siete derrotas seguidas. Pero el tipo fue obcecado hasta el extremo y se negó a escuchar a una comunidad entera que le pedía dar un paso al lado.

Ya con cuarenta años sufrió otro traspié contra Michael Chiesa, sumando ocho derrotas consecutivas y batiendo el récord histórico. Esa vez admitió a pie de jaula que quizá había sido su última pelea, así que, de forma simbólica, tiró una guantilla al octágono y la otra se la guardó en la mano, dando a entender que estaba al 50/50 en su decisión sobre si retirarse o no.

Sin embargo, minutos más tarde, en rueda de prensa, sorprendió a todos cuando anunció que lo de retirarse no iba con él y que quería seguir batallando.

La UFC no se lo permitió y lo liberó al fin de su contrato para evitar que siguiera castigándose dentro del octágono.

EL PELEADOR CON MÁS VICTORIAS EN COMBATES DE CAMPEONATO

Esta cifra es una auténtica locura. De hecho, todas las estadísticas de la carrera de Jon Jones lo son. Pese a sus innumerables polémicas, es innegable que se trata del mejor peleador de todos los tiempos, y los récords así lo avalan.

Hay muchos luchadores fuera de la UFC que sueñan con llegar algún día a competir, aunque sea una sola vez, en la compañía. Vestir la indumentaria de la empresa de Dana White te eleva automáticamente al olimpo del deporte, y solo una minúscula proporción de los atletas que lo intentan alcanzan dicho hito. Y si ya es difícil lograr competir en la UFC, más aún lo es obtener una victoria. Todas estas hazañas son dignas de contar a tus nietos. Pero, al lado de lo que ha logrado Jones en su carrera, parecen auténticas minucias.

Jon «Bones» Jones suma dieciséis victorias en peleas por el título; eso son más que las victorias totales que la gran mayoría de los peleadores alcanza en la compañía en toda su carrera.

De hecho, se podría decir que terminar tu carrera en la UFC con más de diez victorias te sitúa en un percentil altísimo, de ahí que tome aún más dimensión lo que Jon ha logrado en sus dieciséis años de trayectoria.

Dentro de esta locura de cifra, podemos ver que las víctimas han sido, muchas de ellas, auténticas leyendas de la compañía. Hasta nueve campeones o excampeones han sufrido la derrota a manos del más grande de todos los tiempos, otra cifra récord que se antoja difícil de imaginar que pueda ser superada. Esos peleadores fueron, en orden cronológico: Rua, Rampage, Machida, Rashad, Belfort, Cormier, Teixeira, Gane y Miocic.

Su última victoria hasta la fecha la consiguió en marzo del 2023. Doce años y tres presidentes de Estados Unidos después, Jon Jones ha logrado acumular el increíble e inalcanzable número de quince victorias en combates por el título.

Fíjate, el peleador en activo (en el momento en el que escribo estas líneas) que más se acerca a ese número es Israel Adesanya, que acumula un total de ocho, la mitad.

Pasarán grandes peleadores y campeones por la UFC en los años venideros, pero, con el deporte en auge y la competitividad aumentando cada día, resulta imposible imaginar que nadie pueda nunca superar esa histórica cifra.

EL PELEADOR MÁS PESADO EN HABER PISADO EL OCTÁGONO DE LA UFC

El bueno de Emmanuel Yarbrough no solo tiene el récord al peleador más pesado que haya competido en la UFC, sino que ostenta además el récord Guinness al atleta más pesado en la historia de la humanidad.

El estadounidense era un luchador con formación en judo, arte marcial escogida para competir en el UFC 3, en 1994. Aunque esa fue la disciplina con la que se presentaba al evento, su mayor éxito deportivo llegó con el sumo, donde logró una segunda posición en los mundiales de 1992.

En aquellos años, la compañía todavía no tenía implementados los límites de peso, así que Yarbrough compitió aquel día con 618 libras (280 kg) en la báscula.

Hoy en día, el máximo que un peso pesado puede marcar es de 265 libras (120 kg). Es decir, Yarbrough se subió al octágono con 160 kilos por encima de lo permitido en la actualidad, una auténtica locura.

Para saciar tu curiosidad, te digo que nuestro querido Emmanuel perdió por KO a los dos minutos. Eso sí, plantó cara y dejó un curioso momento en el que empujó a su rival tan bruscamente que abrió la puerta de la verja, expulsando a su oponente del octágono.

EL CAMPEÓN MÁS VETERANO EN LA HISTORIA DE LA UFC

Randy Couture debutó en la UFC a una edad en la que muchos peleadores ya piensan en una pronta retirada. Y es que el estadounidense se estrenó en la compañía a los treinta y cuatro años.

Después de una larga y exitosa carrera en la lucha, Couture ganó el campeonato de peso pesado en su cuarta pelea en la UFC, el 21 de diciembre de 1997. Ganó también el título de peso semipesado en el 2003, convirtiéndose, por cierto, en el primer peleador en conseguir dos cinturones en categorías distintas.

Couture anunció su retirada del deporte en 2006, a los cuarenta y dos años.

Incumplió su promesa, y de qué forma, ya que fue a la edad de cuarenta y tres y cuarenta y cuatro años, respectivamente, cuando Randy Couture volvió a la UFC para convertirse de nuevo en campeón de los pesados al vencer a Tim Sylvia y defender el título ante Gabriel Gonzaga. Ningún otro peleador ha logrado una victoria de campeonato a esa edad.

Randy siguió compitiendo hasta rozar los cuarenta y ocho años. Se retiró definitivamente en el año 2011.

EL EVENTO MÁS VENDIDO EN LA HISTORIA DE LA UFC

En este récord no había misterio alguno, ya que el premio al evento PPV más vendido en la historia de la UFC se lo llevó el UFC 229: Khabib Nurmagomedov vs. Conor McGregor. Y, aunque ya hablamos antes de su rivalidad, aquí el foco no es la pelea en sí, sino lo que generó fuera del octágono.

Ese 6 de octubre de 2018, el evento fue adquirido en Estados Unidos por 2,4 millones de dispositivos distintos. No he querido decir «2,4 millones de personas» porque fue un acontecimiento que mayoritariamente se vio entre amigos. Ese Khabib vs. Conor fue el cuarto evento de combate más lucrativo de la historia, tan solo superado por tres peleas de boxeo (Mayweather vs. Pacquiao, Mayweather vs. McGregor y Mayweather vs. De la Hoya).

Nunca antes una pelea de MMA había generado tanto interés. El hecho de que esta fuera la primera pelea que vi por televisión no es baladí. **Millones alrededor del mundo también tuvieron su primer acercamiento al deporte con este legendario duelo.**

La vuelta de Conor, el récord invicto de Khabib, el odio real, el autobús destrozado, las conferencias de prensa, las amenazas... El ambiente estaba demasiado caliente como para querer perderse algo así. Además, la UFC supo exponerlo todo como un cóctel explosivo en una *masterclass* de marketing de cómo se vende un combate para generar el mayor interés posible tanto dentro como fuera del nicho de las MMA.

Con el formato PPV ya extinto desde que la compañía puso fin a su colaboración con ESPN, este récord quedará para siempre grabado en los libros de historia de la UFC.

EL REINADO MÁS LARGO COMO CAMPEÓN EN LA HISTORIA DE LA UFC

Para entender la dimensión de lo que logró Anderson Silva en su reinado de 2.457 días, lo mejor es imaginar cuánto tiempo tendría que mantener Ilia Topuria el cinturón de peso ligero desde que lo ganó en junio de 2025. La respuesta: si el hispanogeorgiano quisiera igualar esa marca del brasileño, tendría que ser el rey de las 155 libras (70,3 kg) hasta marzo de 2032. Y eso, querido lector, es algo que prometo que no ocurrirá. Ya sea porque Ilia caiga derrotado antes o porque simplemente decida retirarse del deporte.

La Araña, en cambio, se mantuvo en la cima del peso medio desde el 14 de octubre de 2006, cuando derrotó a Rich

Franklin, hasta el 6 de julio de 2013, fecha en la que cayó ante Chris Weidman.

Durante ese reinado, Silva se convirtió en leyenda de la UFC con actuaciones memorables ante rivales como Chael Sonnen (dos veces), Vitor Belfort o Dan Henderson, entre otros.

Hoy en día, pocos campeones están dispuestos a permanecer en su división durante largos periodos sin sentir antes el gusanillo de querer replicar el hito de Conor McGregor: posar con dos cinturones de forma simultánea. Muchos fans lamentan que, tras apenas una, dos o tres defensas, los campeones de la UFC ya hablen de subir de categoría sin mostrar intención de continuar en la suya.

Dicen que la frase «Cualquier tiempo pasado fue mejor» suele apelar más a la nostalgia que a la realidad, pero quizá en esta ocasión sea una verdad que la mayoría de los fans de la UFC aceptarían sin dudarlo.

EL NOCAUT MÁS RÁPIDO EN LA HISTORIA DE LA UFC

El nocaut que cambió la vida de Jorge Masvidal para siempre. Una rodilla que lo convirtió, de la noche a la mañana, en una de las mayores estrellas de la UFC y, por supuesto, en uno de los mejor pagados.

La historia detrás de esos cinco segundos de combate empieza mucho antes de que sonara la campana aquel 6 de julio de 2019, en el UFC 239, cuando Masvidal humilló a Ben Askren. Jorge no soportaba a su oponente, un peleador invicto y campeón del mundo en otras promotoras, que no dudó en hablar sucio y prometer que lo vencería con facilidad.

Con mucha rabia contenida, Gamebred diseñó una estrategia arriesgada para el día del combate: salir con todo desde el primer segundo para callarle la boca a su rival de la forma más contundente posible. Así lo confirmó su compañero de gimnasio Dustin Poirier, al recordar en un tuit posterior a la pelea cómo veía a su colega practicar una y otra vez esa rodilla voladora.

Si no conectaba, lo normal era pensar que caería al suelo y, con su alto nivel de *wrestling* (que incluso lo llevó a los Juegos Olímpicos), Askren lo controlaría en la lona. Pero vaya si conectó.

La imagen de Masvidal esprintando hacia su rival como un condenado y pegando un bote para clavar esa rodilla ya forma parte de la historia de la UFC.

Oficialmente, el reloj se detuvo a los cinco segundos, pero Askren cayó inconsciente a los tres. El árbitro se demoró demasiado en llegar hasta un Masvidal que, soltando toda la rabia contenida tras las gravísimas acusaciones de la semana previa, golpeó dos veces más a un ya indefenso rival. Unos golpes extra que él mismo definió como «supernecesarios».

Si algo similar volviera a ocurrir y el árbitro actuara con más rapidez que en este combate, quizá el récord podría reducirse un segundo. Aun así, parece inverosímil imaginar algo semejante por segunda vez.

LA PELEA MÁS VECES CANCELADA EN LA HISTORIA DE LA UFC

Lo del duelo entre Khabib Nurmagomedov y Tony Ferguson es propio de una tragicomedia. Da la sensación de que los conocidos como «dioses de las MMA» jamás quisieron regalarles esta pelea a los fans, que vieron cómo, con el paso de los años, el combate se cancelaba una y otra vez por razones a cada cual más surrealista.

Primera cancelación: dos pesos ligeros en ascenso como The Eagle y el Cucuy iban a enfrentarse en diciembre de 2015, pero el ruso sufrió en octubre una lesión de costillas que lo dejó fuera del combate.

Segunda cancelación: la pelea se iba a llevar a cabo el 16 de abril de 2016. Khabib, número dos en el ranking, y Ferguson, número cuatro, pelearían para decidir el siguiente contendiente al título. Lamentablemente, Ferguson se bajó de la pelea a once días del evento por recomendación médica, ya que encontraron «anomalías en sus pulmones».

Tercera cancelación: la UFC no perdió la esperanza de hacer realidad esta pelea y la reorganizó para el 4 de marzo de 2017, donde se decidiría el nuevo campeón interino de peso ligero, mientras el indiscutido, Conor McGregor, se encontraba fuera del deporte, centrado en su combate de boxeo contra Floyd Mayweather. En esta ocasión, fue Khabib quien se bajó de la pelea a tan solo veinticuatro horas del combate debido a complicaciones en el corte de peso.

Cuarta cancelación: esta fue especialmente

dolorosa. Ferguson era el campeón interino de peso ligero y, tras comprobar que McGregor no tenía intenciones de volver a corto plazo, la UFC le retiró el cinturón indiscutido y lo puso en juego en esta pelea entre Tony y Khabib el 7 de abril de 2018. Quedaban seis días para el combate y todo iba bien, hasta que el Cucuy, tras dar una entrevista para promocionar la pelea, **se tropezó con el cable de una cámara y se rompió los ligamentos de la rodilla**. Para más inri, el accidente ocurrió en el Día de los Inocentes en Estados Unidos, por lo que, cuando saltó la noticia, muchos pensaron que se trataba de una broma.

Quinta cancelación: esto ya fue el colmo. El 18 de abril de 2020 sería el día en el que por fin se daría esta pelea. El UFC 249 estaría encabezado por el ruso y el estadounidense, quienes iban a competir por el cinturón de peso ligero, en manos de Khabib por aquel entonces. Sin embargo, el destino hizo de las suyas una vez más con esta telenovela, y apareció de repente una pandemia mundial que nos dejó a todos en casa.

Dana White dijo que no quería cancelar el evento, que estaba harto de ver cómo este duelo se suspendía constantemente. Aseguró que, si era necesario llevar un octágono hasta la luna, lo haría. Al final, no se lo llevó a ningún satélite, pero sí a Abu Dabi, país al que Khabib no pudo acceder debido a las restricciones rusas con sus ciudadanos. El campeón se bajó de la pelea y el duelo finalmente se llevó a cabo unas semanas más tarde en Estados Unidos entre Ferguson y Gaethje. El resto ya es historia…, una dramática historia.

MAYOR NÚMERO DE DEFENSAS DE TÍTULO CONSECUTIVAS

¿Dónde quedó el romanticismo de querer dominar por completo tu división y acumular el máximo número de defensas posibles hasta que alguien te arrebatara el trono?

Eso es lo que hizo el dueño de este récord. Demetrious Johnson conquistó el campeonato de peso mosca en septiembre del año 2012, y desde entonces se puso manos a la obra.

Una defensa, otra, y otra, y otra… El estadounidense fue el absoluto dominador de su división hasta el año 2018, cuando perdió su cinturón contra Henry Cejudo. Antes de esa derrota, Mighty Mouse había logrado acumular el increíble número de once defensas consecutivas de su cinturón de las 125 libras. Once retadores que, uno detrás de otro, fueron fracasando en su intento de destronar al monarca de la división más liviana de la UFC.

En su momento, muchos acusaron a Demetrious (Dana White incluido) de no ser un campeón «espectacular» que le diera al público lo que quería, y jamás se le consideró uno de los principales baluartes de la organización a pesar de los increíbles éxitos cosechados. Sin embargo, con el paso de los años, la narrativa ha cambiado por completo. Y lo que antes se vio como un reinado largo pero «poco vistoso», ahora se reconoce como algo imposible de volver a replicar.

PELEADOR CON MÁS DERROTAS EN LA HISTORIA DE LA UFC

Aunque de primeras pueda parecer deshonroso ser poseedor de este récord, creo que también puede verse por el lado positivo. Si eres Jeremy Stephens quizá pienses: «Oye, ¿cómo de entretenido soy de ver para que, aun sumando un total de diecinueve derrotas en mis treinta y cinco peleas dentro de la UFC, no me hayan despedido definitivamente?».

Stephens debutó en la UFC en 2007 y, dieciocho años

después, en 2025, aún se le podía ver subido al mismo octágono. Como peleador, evidentemente, nunca tuvo el nivel para llegar a lo más alto, pero, si buscas quince minutos de diversión, ahí sí que no decepcionará.

De hecho, da igual si suma dos, tres o cuatro derrotas más, ya que no encontrarás a fan alguno que exija su expulsión debido a los malos resultados. Con el paso de los años, el tipo se ha ganado el cariño de la gente, sobre todo a base de entretenidas peleas, independientemente del desenlace de estas.

Jeremy Stephens, en sus mejores años, era visto como un peleador de buen nivel, capaz de poner en apuros a cualquiera gracias a su poder de golpeo. Es probable que jamás vuelva a competir en la UFC, así que no alcanzaremos a ver una nueva derrota que lo llevara al total de veinte, una cifra demasiado escandalosa que esperemos que nadie llegue a alcanzar.

11
LOS DIEZ MEJORES PELEADORES QUE NUNCA FUERON CAMPEONES

En la UFC, solo unos pocos elegidos llegan hasta la cima y conquistan el cinturón de campeón. Sin embargo, otros, con el mismo talento o incluso mayor nivel, se quedaron a las puertas. En este capítulo conocerás la historia de los que son considerados los mejores peleadores que nunca pudieron coronarse como reyes de su categoría.

JUSTIN GAETHJE: EL GLADIADOR MODERNO

Será muy complicado encontrar en los años venideros a peleadores más frenéticos que The Highlight, quien cayó de pie en la UFC desde el primer día.

Siempre hubo una expectación altísima detrás del estadounidense. Tanto es así que, tras abandonar la compañía World Series of Fighting con un récord invicto de 17-0, la UFC creyó conveniente que su estreno fuera encabezando un *UFC Fight Night* frente al número cinco de peso ligero, Michael Johnson. Así de grandes eran las expectativas con un peleador que apuntaba muy alto en el deporte. Y Justin no defraudó: debutó con la que más tarde fue elegida la pelea del año 2017 y que, personalmente, sigue siendo uno de mis combates favoritos.

Un estilo kamikaze e inconsciente lo convirtió en ídolo de los fans desde el primer minuto. Esa estrategia, sin embargo, le traicionó en sus dos próximos enfrentamientos cuando se las tuvo que ver ante peleadores de mayor nivel, como lo fueron Dustin Poirier o Eddie Alvarez.

Con el tiempo, Gaethje supo pisar un poco el freno y pelear con más cabeza. Esto le sirvió para acumular victorias increíbles ante James Vick, Donald Cerrone, Edson Barboza y Tony Ferguson que le llevaron a ganarse una oportunidad por el título frente a un campeón, Khabib Nurmagomedov, que no dejó que nadie le arrebatara el cinturón.

Aun así, Justin siguió deleitando a todos con actuaciones memorables hasta alcanzar una nueva oportunidad titular. Esta vez, su verdugo fue Charles Oliveira. Y poco después, sufrió una durísima derrota ante Max Holloway, quien lo noqueó en el último segundo.

Nada es imposible, aunque hoy resulta difícil imaginarlo algún día con el título en su cintura. A nadie le importa; Gaethje ya forma parte de la memoria colectiva de las MMA como uno de esos peleadores que no paran de regalarnos recuerdos eternos.

ALISTAIR OVEREEM:
EL GIGANTE DE CRISTAL

Alistair Overeem es la viva imagen de lo que cualquiera puede imaginar al pensar en un peso pesado de la UFC. Un verdadero monstruo de casi dos metros y 120 kilos que, antes de su llegada a la compañía, ya estaba hasta arriba de títulos de otras promotoras. Por lo tanto, no era ninguna locura pensar que acabaría sumando otro cinturón más a su colección, sobre todo después del debut soñado que tuvo ante el excampeón Brock Lesnar. Overeem lo destrozó con incontables rodillas y patadas al estómago de un rival que, por cierto, recién salía de dos operaciones en el intestino (todo un detalle de *timing* de Alistair). El hype alrededor de este *kickboxer* era descomunal, y con razón.

Aunque perdiera alguna que otra pelea en el camino, siempre lograba regalar grandes KO que mantenían viva la expectación y que, al final, lo llevaron a una oportunidad por el título ante Stipe Miocic. Aquella noche, sin embargo, no tuvo suerte y acabó perdiendo por nocaut en el primer asalto. Todo lo que tenía de intimidante contrastaba con una mandíbula algo frágil, y ese fue siempre su punto débil. Claro que, en los pesos pesados, casi todas las mandíbulas parecen poco resistentes.

Esa versión de Overeem de los primeros años de la década

del 2010 sigue siendo recordada como uno de los pesos pesados más intimidantes que jamás hayan pisado un octágono. Con un poco más de suerte, podría haber añadido el título de la UFC a su ya extenso palmarés. Alistair tuvo una larguísima carrera no solo en la UFC, sino también en otras compañías y en otros deportes de combate, lo que le permite ser recordado hoy en día como uno de esos peleadores imponentes e imposibles de olvidar.

ZABIT MAGOMEDSHARIPOV: EL PELEADOR QUE NO QUISO SER EL MEJOR

Quizá esta sea la aparición más sorprendente y arriesgada de todo el capítulo. Zabit era un peleador increíblemente veloz y creativo como pocos en la larga historia de la UFC. Con un *striking* prácticamente inmejorable y un nivel de *grappling* propio de un daguestaní como él, Magomedsharipov lo podía hacer todo. Cada combate suyo dejaba más *highlights* que la carrera completa de algunas leyendas de la compañía. Su única flaqueza aparecía en el cardio, ya que solía bajar el ritmo en el último asalto tras diez minutos de piruetas, derribos y golpes giratorios.

En su breve pero intensa estancia en la UFC, Zabit sumó seis victorias en seis apariciones. Llegó a derrotar al número seis del ranking, Jeremy Stephens, y al número ocho, Calvin Kattar, demostrando que era mucho más que un simple malabarista del octágono.

Desgraciadamente, Zabit tuvo que frenar en seco su carrera por problemas de salud relacionados con su sistema inmune. Una vez recuperado, se dice que simplemente perdió el amor por pelear y el fuego interno de competir por el cinturón. Y así fue como, estando situado en el número tres del ranking de peso pluma y con apenas treinta años, uno de los mejores candidatos que ha pisado el octágono más famoso del mundo dijo adiós para siempre, dejando a todos con la gran pregunta: ¿qué habría pasado si Zabit Magomedsharipov hubiera continuado en la UFC? Por desgracia, nunca lo sabremos.

COLBY COVINGTON: EL ETERNO CONTENDIENTE

Esta puede ser una inclusión algo polémica, sobre todo tras su última actuación en la tercera oportunidad que tuvo de convertirse en campeón, cuando no hizo prácticamente nada en veinticinco minutos frente a Leon Edwards. Pero, cuidado: en su mejor momento, es innegable el nivel que alcanzó Colby Covington. Era un luchador incansable, con uno de los mejores cardios que se recuerdan en la UFC. De hecho, cuando Kamaru Usman era el número uno libra por libra del mundo, Covington consiguió competirle de tú a tú en las dos peleas por el título que disputaron. Aunque el nigeriano se quedó con el cinturón en ambas ocasiones, hoy, con la rivalidad ya apagada, el propio Usman reconoce que Colby fue el rival más complicado de toda su etapa como campeón.

No era, ni por asomo, un peleador atractivo de ver, pero sí una auténtica pesadilla para cualquier contrincante. Su presión asfixiante y un *striking* quizá algo infravalorado le permitieron ganar diez de sus once primeras peleas en la UFC. El estadounidense tuvo la mala suerte de coincidir con Usman en su era, porque, como dijo Dana White en más de una ocasión, si Kamaru no hubiera existido, Covington habría sido, sin duda, el campeón de peso wélter.

Excéntrico hasta el extremo, odiado por muchos y querido por muy pocos; sin embargo, más allá del personaje, conviene recordar la máquina de competir que fue en sus mejores años. Salvo una derrota aislada en sus inicios, Covington solo ha caído ante lo mejorcito de las 170 libras. Y, aun así, en esta era moderna de las MMA, ni siquiera un peleador de su nivel parece suficiente para coronarse como el mejor de su división.

DONALD CERRONE: EL HÉROE DEL PUEBLO

Era imposible no incluir aquí a este hombre.

El Cowboy es el tercer peleador con más combates en la historia de la UFC, el segundo con más victorias y el tercero con más finalizaciones. También ocupa el segundo puesto en número de bonos por desempeño. Una cosa de locos.

Los mejores momentos de la carrera de Cerrone son una obra maestra. Una auténtica leyenda de la UFC que no tenía reparo en subirse al octágono cada pocos meses contra quien fuera. La mayor prueba es que, en su mejor etapa, entre 2013 y 2016, llegó a competir hasta trece veces en apenas tres años, con un balance de doce victorias y una sola derrota. Y esa derrota, para su desgracia, fue la más dolorosa: perdió su oportunidad de ser campeón ante Rafael dos Anjos, rey indiscutible de los ligeros por aquel entonces.

Sin embargo, otros peleadores que también fueron dueños del cinturón, como Eddie Alvarez o Benson Henderson, sí cayeron ante el Cowboy. Donald era un finalizador nato, especializado en sus legendarias patadas altas que tantos problemas dieron a incontables oponentes durante años.

Fue una pena que el estadounidense no pudiera llegar hasta la cima para colocar allí su bandera como el campeón, pero, con una trayectoria tan increíble, repleta de combates ante la élite de su generación, su inclusión en el Salón de la Fama en el año 2023 fue un acto de pura justicia que aplaudieron todos los fans de la UFC.

Donald Cerrone es uno de los mejores ejemplos de que no hace falta llevar oro en la cintura para ser considerado una auténtica leyenda del deporte.

YOEL ROMERO:
EL ATLETA QUE VENCIÓ AL TIEMPO

Sobre el papel, un peleador que debuta a los treinta y seis años en la UFC no parece tener muchas oportunidades de hacer grandes cosas. Pero Yoel Romero, salvo ganar el título, lo hizo prácticamente todo: protagonizó peleas legendarias, otras soporíferas, tuvo fallos de peso en la báscula, repartió nocauts brutales y hasta nos dejó la imagen de él besando a un rival aturdido. El medallista olímpico marcó una huella imborrable con uno de los físicos más impresionantes que se han visto jamás en la compañía.

El Soldier of God encadenó ocho victorias seguidas en su mejor etapa, dejando a su paso a nombres como Tim Kennedy, Chris Weidman, Lyoto Machida, Jacaré Souza o Brad Tavares. Romero estuvo muy cerca de no figurar en este capítulo, ya que en 2017 disputó el cinturón de peso medio frente a Robert Whittaker en un combate ajustadísimo de veinticinco minutos. Perdió por decisión del jurado, pero muchos lo vieron ganador en la revancha un año después, donde volvió a caer en las tarjetas. De todas formas, aquel resultado tampoco le habría servido de nada, ya que había fallado el peso el día anterior y no hubiera podido llevarse el cinturón.

Es difícil no ser fan de un peleador tan espectacular como Yoel. Al margen de una de las peores peleas de la historia ante Israel Adesanya, lo cierto es que sus años en la UFC fueron un auténtico espectáculo. La edad nunca pareció afectarle y, aunque jamás consiguió el premio final, arrasó con la mitad de la división de peso medio y dejó una marca inolvidable en el deporte.

DAN HENDERSON: LA LEYENDA SIN TRONO... EN LA UFC

Campeón de peso wélter en Pride, campeón de peso medio también en Pride, campeón de peso semipesado en Strikeforce..., pero nunca campeón en la UFC. La capacidad de Dan Henderson para pelear en múltiples divisiones era una cosa de locos, y el hecho de haber conseguido finalizaciones en todas ellas lo hace aún más impresionante. Un nocaut a la leyenda Fedor Emelianenko en peso pesado por aquí, otro a Shogun Rua en semipesado por allá, y un KO viral e histórico a Michael Bisping en peso medio. Henderson combinaba un gran nivel de *wrestling* con un poder de golpeo descomunal que le permitió mantenerse durante décadas en la élite del deporte.

Tanto es así que, hasta el día de hoy, sigue siendo el peleador más veterano en haber disputado un combate por el título de la UFC. A sus cuarenta y seis años, tuvo la oportunidad de convertirse en campeón de peso medio cuando se enfrentó a Michael Bisping en una esperadísima revancha. El viejito no pudo lograr la machada y, por tercera vez, falló en su intento de coronarse como rey dentro del octágono.

Pocos arrepentimientos debe de tener alguien que se mantuvo en lo más alto de la pirámide del deporte hasta casi los cincuenta años. Henderson no pudo alcanzar el fin último en la UFC, pero tiene y tendrá siempre un legado imborrable en la historia de las artes marciales mixtas.

TONY FERGUSON: EL HOMBRE DE LA RACHA MALDITA

El hombre que muchos creyeron que era el destinado a derrotar al invencible Khabib Nurmagomedov. Una pelea que llegó a cancelarse hasta en cinco ocasiones y que nunca nos permitió descubrir quién era realmente el mejor peso ligero de aquella época. Tony Ferguson incluso llegó a igualar al ruso en la consecución de la racha de victorias más larga en la historia de la división hasta ese momento. Donald Cerrone, Anthony Pettis, Rafael dos Anjos o Edson Barboza son algunos de los testigos que pueden confirmar que Ferguson es uno de los mejores pesos ligeros en la historia de la UFC. El destrozo que provocaba a todos sus rivales era algo increíble. Su estilo, poco ortodoxo hasta el extremo, resultaba imposible de estudiar y comprender para los oponentes que, durante años, intentaron detener la racha de un peleador que parecía no tener techo.

No solo eran sus habilidades técnicas lo que lo convertían

en alguien especial dentro del octágono. Tony también poseía un nivel de cardio que parecía infinito. No encontraréis una sola imagen en la que se le vea fatigado. Daba la sensación de que tenía gasolina para aguantar semanas peleando sin parar. Sin embargo, la mala suerte de no haber disputado nunca una pelea por el título indiscutido hizo que Ferguson pasara sus mejores años enfrentando una y otra vez a los contendientes más duros de su división, pero nunca al campeón.

Y, como nada es eterno, un joven Justin Gaethje destrozó su carrera al propinarle una paliza que lo dejó irreconocible y de la que jamás pudo recuperarse. Aun así, el Cucuy puede estar tranquilo: ninguna derrota opacará jamás lo que construyó en sus años dorados, cuando, uno a uno, fue acabando con todos los peleadores que se interponían en su camino. Tony Ferguson es un luchador único y se ha ganado con creces un lugar en los libros de historia de la UFC.

ALEXANDER GUSTAFSSON: EL VIKINGO SIN TRONO

El hombre que llevó hasta el límite a dos de los mejores campeones de la historia. Alexander Gustafsson, sin duda, habría sido el rey de las 205 libras de no haber coincidido en la misma época con Jon Jones y Daniel Cormier. En pocos vídeos de *highlights* de otros peleadores encontraréis un despliegue de boxeo como el del sueco. Su demolición de Glover Teixeira es el ejemplo perfecto del nivel que poseía.

Un Jon Jones en su mejor momento, acostumbrado a aplastar a todos sus rivales, acabó en el hospital tras su enfrentamiento con Gustafsson.

El sueco, que ni siquiera tenía una base de lucha, fue el primero en derribar al campeón en un combate increíble e inolvidable que, años más tarde, entraría en el Salón de la Fama. Trabajo duro y talento infinito llevaron a Gustafsson a ser reconocido como uno de los peleadores más respetados de su generación.

No cabe duda de que, en un universo paralelo donde ni Jones ni Cormier hubiesen existido, Gustafsson habría sido campeón de peso semipesado de la UFC con varias defensas a sus espaldas.

Aunque no tuvo un final de carrera soñado y acumuló cuatro derrotas consecutivas una vez superados sus mejores años, puede mantener la cabeza bien alta después de haber tenido una carrera mágica dentro de la UFC.

DUSTIN POIRIER:
EL PRÍNCIPE QUE NO PUDO SER REY

Durante más de una década, el Diamante ha sido uno de los peleadores más consistentes y que han levantado más emociones de toda la UFC, especialmente en su recorrido en el peso ligero, división en la que se convirtió en una auténtica leyenda.

Su carrera es un ejemplo de perseverancia y dedicación sin descanso. Poirier siempre fue consciente de lo que suponía competir de la manera en que lo hacía: unos años atrás, comparó la experiencia de entrar al octágono con la certeza de salir de él como si hubiera sufrido un accidente de tráfico.

Ese miedo a lo desconocido le llevó a afrontar cada combate como si fuera el último, y seguramente fue la clave que le permitió mantenerse durante años en los primeros puestos del ranking de la división más dura de la compañía.

Conor McGregor, Justin Gaethje, Eddie Alvarez, Max Holloway, Dan Hooker o Benoît Saint Denis comprobaron lo que significaba tener enfrente a un *striker* como Poirier. Aunque no dudaba en recurrir a una sumisión si la situación lo requería.

Su currículum de victorias es envidiable; sin embargo, siempre que llegó el momento decisivo para coronarse como campeón indiscutido, se topó con los que son quizá los tres mejores monarcas del peso ligero: Khabib Nurmagomedov, Charles Oliveira e Islam Makhachev.

Este último tuvo que sudar sangre para doblegar a un tipo que se negaba a retirarse del deporte sin haber conseguido el premio más buscado de todos.

Que alguien con la trayectoria de Poirier no haya conseguido el cinturón definitivo dice mucho de lo difícil que es reinar en una división plagada de monstruos. Él mismo llegó a confesar que sufría un fuerte síndrome del impostor y dudaba de si su carrera bastaría para entrar en el Salón de la Fama. Pero lo cierto es que, con o sin cinturón, su inclusión en ese selecto club está más que asegurada.

12

LAS MAYORES CAÍDAS EN DESGRACIA EN LA HISTORIA DE LA UFC

Nada es eterno, y menos aún en la UFC.

A lo largo de los años, hemos sido testigos de ascensos a la gloria de incontables peleadores que parecían destinados a pasar a la historia del deporte por sus grandes hazañas, pero que, como verás en este capítulo, terminaron siendo recordados por su terrible caída al abismo.

CODY GARBRANDT: LA ESTRELLA ESTRELLADA

El peleador que pasó de ser catalogado como «el nuevo Conor McGregor» a convertirse en un meme.

La llegada de Cody Garbrandt a la UFC no fue casualidad. Ya había mostrado un talento especial desde sus inicios, combinando una sólida base de lucha, una velocidad endiablada y un poder de nocaut poco habitual en las 135 libras. Tras aterrizar en la compañía, cumplió con las expectativas que se pusieron sobre él al debutar con un KO sobre Marcus Brimage. Ese mismo año, en 2015, volvió a subirse al octágono para medirse ante el veterano Henry Briones, a quien venció de forma convincente por decisión unánime.

La UFC entendió pronto que este diamante en bruto estaba ya listo para pasar al siguiente nivel. Por esa razón, los próximos rivales a los que Garbrandt se enfrentaría en 2016 eran ya de una entidad mucho mayor. Uno a uno, fueron cayendo ante las manos de un peso gallo que pegaba como si fuera un wélter. Antes de llegar al verano, ya había borrado de un plumazo los invictos de Augusto Mendes (5-0) y Thomas Almeyda (21-0). Con una nueva victoria en el mes de agosto, se colocó con un perfecto 10-0 en el récord.

Como parecía no haber rival capaz de frenar a un aspirante que venía arrasando con todos, la compañía le dio la oportunidad de competir por el cinturón ante el campeón Dominick Cruz, considerado el mejor peso gallo de todos los tiempos.

Contra todo pronóstico, Garbrandt no se limitó a llevarse el cinturón, sino que, en diciembre del 2016, en el UFC 207, se bailó al campeón en la que es considerada como una de las mejores actuaciones en la historia de la compañía.

Con esta victoria, la figura de Cody se disparó hasta la estratosfera, y todos daban por hecho que acababan de ver el nacimiento de una nueva estrella que dominaría con mano de hierro la división hasta que él quisiera.

Sin embargo, aquella fue la última gran noche del estadounidense en la UFC. Incapaz de defender el cinturón ni una sola vez, pasó de un 11-0 a un 14-6. Apenas tres victorias en nueve años. Desde que perdió su título ante T. J. Dillashaw, su carrera se vino abajo. Con el reinado, perdió la confianza, y pagó demasiado cara una mandíbula frágil que se fue resquebrajando con cada nuevo nocaut.

Cody lo intentó todo: cambios de estrategia, cambios de división… Pero nada funcionó. Cada vez que la compañía lo emparejó con un rival de nivel medio-alto, volvió a caer. Eso alimentó la idea de que Cody nunca fue realmente un peleador de élite y que aquel título se había debido a la suerte de una noche. Yo discrepo. Basta con volver a ver su actuación contra Cruz para entender que Garbrandt sí fue un peleador especial que, por razones que nunca llegaremos a saber del todo, pasó del cielo al infierno.

DARREN TILL Y LA APUESTA FALLIDA DE LA UFC

Era la gran esperanza de todo un país. Tras el retiro de Michael Bisping, el Reino Unido había quedado huérfano de referentes en la UFC, y la compañía creyó que Darren Till podía ser la nueva cara de las MMA británicas. Tenía todo para encajar en ese papel: invicto con un 17-0, joven, carismático y capaz de superar en el octágono a peleadores como Stephen «Wonderboy» Thompson o Donald Cerrone. Parecía que el sucesor estaba servido.

La UFC decidió apostar fuerte. Con apenas veinticinco años, Till fue elegido para disputar el cinturón de peso wélter contra Tyron Woodley, un campeón sólido pero al que Dana White nunca había tragado. Por esa razón, pisaron el acelerador demasiado rápido con el joven retador, quien había lucido increíble en sus seis apariciones dentro de la compañía. Por momentos, el inglés ya no era descrito solo como «la gran esperanza británica», sino como «el nuevo Conor McGregor».

Su combate ante Woodley se veía como la ocasión perfecta para dar el relevo generacional en el wélter y empujar a Till hasta el estrellato, **pero aquel arriesgado movimiento fue un error que Darren pagó con su carrera.** El inglés no conectó ni un solo golpe en el primer asalto y, en el segundo, terminó en el suelo tras ser derribado y sometido sin mostrar oposición. La derrota fue dura…, pero lo peor vendría después.

En su siguiente combate, quisieron aupar de nuevo a su joven estrella caída. Pensaron que, ante un veterano como Masvidal, Till recuperaría el impulso. Lo emparejaron con

Jorge en Londres, rodeado de sus compatriotas. Todo estaba preparado para que se luciera en casa; sin embargo, el guion se rompió. Masvidal lo fulminó con un brutal KO que enterró definitivamente la ilusión inglesa de tener un nuevo McGregor. En apenas unos meses, el invicto y el aura de estrella habían desaparecido.

Buscando un cambio de aires, Till subió al peso medio. Allí debutó con una polémica victoria a puntos sobre Kelvin Gastelum, pero esa sería la última alegría en su carrera dentro de la UFC. Lo que vino después fueron derrotas consecutivas contra Robert Whittaker, Derek Brunson y Dricus du Plessis. Su récord pasó de un prometedor 17-0 antes de competir por el cinturón del wélter a un desolador 1-5 en sus últimas seis apariciones.

Lo más preocupante no fueron las derrotas, sino la sensación de ver a un peleador que había perdido por completo la confianza. La seguridad con la que se autodefinía como futuro campeón se transformó en dudas y actuaciones cada vez peores.

En 2022, con apenas veintinueve años, Till pidió personalmente a la UFC que rescindiera su contrato. Prometió volver al cabo de un tiempo con más fuerza, pero la realidad es que aún se le sigue esperando.

ANDERSON SILVA: LA CAÍDA DEL INMORTAL

La Araña no parecía ni humano. El histórico campeón de peso medio tuvo uno de los reinados más legendarios en la historia de la UFC. El brasileño es poseedor de varios récords que parecen difíciles de superar, desde el increíble dato de los seis años y medio como campeón a las dieciséis victorias consecutivas.

Nada más llegar a la compañía, Silva dejó su impronta en el octágono. Era un peleador diferente que no se ceñía solo a ganar los combates, sino que siempre trataba de ir un paso más allá y levantar al público de sus asientos. «El Ronaldinho de las MMA» llegaron a llamarle. Anderson se proclamó campeón de la UFC en su segunda pelea y, desde aquel día en 2006, se puso manos a la obra para hacer de su trayectoria una para el recuerdo.

Desde sus defensas ante Chael Sonnen, su KO de patada frontal a Vitor Belfort o su exhibición ante Forrest Griffin, Silva produjo *highlights* suficientes como para hacer una película.

Pero nada dura para siempre. El campeón de peso medio era tan superior a sus rivales que, cada vez más a menudo, se le podía ver burlarse de ellos dentro del octágono, creyéndose intocable e invencible. Hubo un retador que le hizo pagar por sus actitudes chulescas y lo llevó a la lona de un golpe. Ese fue Chris Weidman. El estadounidense, además, logró defender su título en la revancha ante Anderson en una noche trágica para las MMA. En esa segunda pelea, Silva se partió literalmente la pierna en lo que fue un antes y un después en su carrera.

Tras más de un año alejado del deporte, volvió al ruedo con una victoria que, poco después, fue cambiada a un *No Contest* tras dar positivo por sustancias prohibidas. Más tarde, perdería ante Michael Bisping, Daniel Cormier, Israel Adesanya, Jared Cannonier…

En 2019, el excampeón sumaba un 1-7 en sus últimos ocho combates después de venir de un histórico 16-0. En el año de la pandemia, quiso tener una última pelea, la cual también perdió.

Fue muy triste ver a uno de los mejores de la historia despedirse del deporte en un octágono sin público tras acumular su octava derrota en nueve duelos.

Ese fue el final para The Spider. Su última victoria databa del 2012, y en 2020 decidió poner fin a su carrera.

B. J. PENN:
EL TALENTO QUE SE CREYÓ ETERNO

El peleador apodado como el Prodigio no hubiera aparecido aquí de haber cumplido con su palabra en 2011, cuando declaró que, tras un 1-3-1 en sus últimas cinco apariciones, jamás volvería a competir.

Para desgracia de los fans, y también del propio Penn, el hawaiano terminaría retirándose ocho años después, tras acumular una de las peores rachas de derrotas en la UFC. Nadie pudo haber anticipado tal debacle. B. J. hacía honor a su apodo en cada combate, independientemente del resultado. Tiene la distinción de ser el segundo doble campeón en la historia de la compañía, ya que en su palmarés figuran los cinturones de peso wélter primero y del ligero después. De hecho, en las 155 libras batió el récord de mayor número de defensas del título con tres, superado tan solo por Islam Makhachev quince años más tarde.

Una leyenda que sí supo retirarse a tiempo, Georges St-Pierre, siempre ha dicho que su primera pelea ante Penn fue la más complicada de su carrera y que jamás volvió a competir contra alguien tan talentoso. Eso era el estadounidense: un talento generacional que apenas necesitaba entrenar para superar a todos y ganar las peleas más grandes.

Sin embargo, su falta de disciplina fue un factor clave en la debacle posterior.

Desde 2001 hasta 2009, The Prodigy se mantuvo, con sus altos y bajos, en la cima del deporte. A partir de entonces, todo comenzó a tambalearse y, con ese 1-3-1 que acumulaba en 2011, decidió dar un paso al lado para no manchar su histórico legado. Pero no fue así. Perdió poco después ante Rory MacDonald y, tras tomarse un descanso de dos años, regresó para perder ante Frankie Edgar. Más tarde caería contra Yair Rodríguez, Dennis Siver, Ryan Hall y Clay Guida.

Siete fueron, finalmente, las derrotas consecutivas que tuvo que sufrir para que la UFC dijera basta. Tristemente, su tiempo de caída en desgracia (2011-2019) duró lo mismo que su ascenso al olimpo de las MMA (2001-2009).

TONY FERGUSON
Y EL CASTIGO DE NO RENDIRSE

Este es el caso más obvio de todos y al que la mayoría de los fans suelen recurrir cuando se les pregunta sobre cuál es la mayor caída en desgracia conocida en el deporte.

En el capítulo de los récords imposibles de superar ya te he contado cómo el Cucuy pasó de ser el más temido del peso ligero a ser prácticamente el hazmerreír de la UFC. Esas ocho derrotas consecutivas son una losa demasiado pesada en su historial. Ni sus doce victorias seguidas pueden opacar los horribles últimos años que Tony pasó en la compañía.

Pero precisamente esa racha que obtuvo entre el 2013 y el 2019 hace de este caso uno dramático. De esas doce victorias, nueve terminaron por finalización, obteniendo por el camino ocho bonos por desempeño. Entre la comunidad se hizo muy viral una fotografía que reunía en una misma imagen la cara de los oponentes de Ferguson tras enfrentarse a él. El peleador parecía tener espinas en el cuerpo, porque el destrozo facial que infligía a sus rivales resultaba digno de un disfraz de Halloween. Competir ante esa versión del estadounidense era sinónimo de perder la pelea y de pasar por el hospital más cercano para recibir atención médica.

Donald Cerrone, Anthony Pettis, Kevin Lee, Rafael dos Anjos o Edson Barboza fueron algunos de los rivales que se vieron incapaces de vencer a un peleador que parecía destinado a la gloria. Un cúmulo de infortunios impidió a Tony poder competir por el cinturón indiscutido de la división, aunque al menos logró proclamarse campeón interino.

Ni siquiera la leyenda rusa Khabib Nurmagomedov pudo superar las doce victorias consecutivas del Cucuy, quien vio cómo su legado se fue cayendo a pedazos desde aquella derrota ante Gaethje en 2020 hasta 2024, cuando sumó la octava y última derrota en cadena.

TYRON WOODLEY: DE CAMPEÓN A MEME

Este es uno de los campeones menos queridos por Dana White, quien nunca vio con buenos ojos el hecho de que Woodley fuera el rey del peso wélter debido a la dualidad de sus actuaciones.

Tyron podía ser un día un peleador agresivo y feroz, y en el siguiente combate mostrarse demasiado cauto y aburrir al público. Esto es indiscutible, pero también lo es que, para sorpresa de muchos, The Chosen One llegó a convertirse en uno de los mejores wélter de todos los tiempos en la compañía.

Para que muchos lo colocaran detrás de Georges St-Pierre en la lista de los mejores de las 170 libras, Tyron tuvo que sumar cuatro defensas del cinturón, la tercera mejor marca en la historia de la UFC. Tras un inicio algo dubitativo en la organización, encadenó varias victorias hasta alcanzar una oportunidad de campeonato ante Robbie Lawler, a quien noqueó en el primer asalto para coronarse como nuevo monarca de la división.

Su reinado a partir de ahí fue como el día y la noche. Dos de sus cuatro defensas fueron alabadas por su espectacularidad, mientras que las otras dos pasaron a la historia como algunos de los combates titulares más soporíferos jamás vistos. Woodley brilló al pasar por encima del joven Darren Till, quitándole su récord invicto de 17-0, y protagonizó un trepidante empate ante Stephen «Wonderboy» Thompson en 2016 (en la UFC, un empate significa que el campeón retiene el título).

Por el otro lado, su revancha contra Thompson y la defensa frente a Demian Maia fueron ferozmente criticadas. El propio Dana White declaró en rueda de prensa que nadie quería verle pelear.

Independientemente de esas actuaciones dispares, es innegable que Woodley dominó la división de 2016 a 2019. Parecía que no existía el rival ideal para arrebatarle el trono..., hasta la llegada de Kamaru Usman. El nigeriano se impuso con suma facilidad durante veinticinco minutos de dominio absoluto, y aquella derrota solo fue la antesala de su caída. Tyron jamás pudo volver a ganar una pelea dentro de la UFC.

Gilbert Burns y Colby Covington también pasaron por encima de una leyenda venida a menos, que ya lucía como la sombra del campeón que había sido poco tiempo atrás.

De haber ganado ocho de sus últimas nueve peleas (cinco de ellas con el cinturón en juego), se encontró de golpe con un 0-3 y con un solo combate más en el contrato.

Tyron perdió el título en marzo del 2019 y, dos años después, en marzo del 2021, se encontraba compitiendo por poder mantenerse en la compañía que un día había dominado con mano de hierro. Su última oportunidad llegó contra Vicente Luque en marzo de 2021, donde fue sometido en el primer asalto.

Con una racha de 0-4, la UFC dio por finalizada su etapa. Woodley no fue renovado y decidió probar suerte en el boxeo, donde perdió sus dos combates frente al exyoutuber Jake Paul, siendo brutalmente noqueado en uno de ellos.

RONDA ROUSEY: LA CAMPEONA QUE PERDIÓ CONTRA SÍ MISMA

Esta fue la peleadora más influyente en la historia del deporte. Ronda Rousey supuso un antes y un después para las MMA y para la UFC, cuyo presidente había declarado en 2011 que jamás habría combates femeninos en su compañía.

Pero la judoka medallista en los Juegos Olímpicos de 2008 cambió los planes de todos. Cuando decidió pasarse a las MMA no encontró rival capaz de hacerle sombra. Con un 6-0 en su haber, en diciembre de 2012 la compañía oficializó la creación de la división femenina de peso gallo y entregó a Rousey el cinturón inaugural.

En apenas dos años, se convirtió en una de las atletas más famosas del planeta, más allá del género. Acumuló un 12-0 como profesional, con once victorias por sumisión en el primer asalto. Su movimiento *armbar* (o «palanca de brazo») se hizo *mainstream*. Su dominio en el judo se trasladó al octágono y la convirtió en un icono mediático: programas de máxima audiencia, cameos en películas, portadas de revistas… ¡Incluso Eminem la nombró en una de sus letras!

Sin embargo, esta sensación de imbatibilidad terminó siendo su perdición. Su ego se descontroló. Con el convencimiento de que nadie jamás podría vencerla en una pelea, creyó que, en su combate ante la kickboxeadora Holly Holm, podría superar a su rival en su propia especialidad, dejando a un lado su judo, que tantas alegrías le había dado.

No obstante, la retadora Holm humilló a la campeona durante toda la pelea. Rousey se vio perdida en todo momento y acabó el duelo inconsciente en el suelo tras una espectacular patada alta de su rival en el segundo asalto.

Aquella primera derrota no solo rompió su racha, sino que deshizo la identidad que había construido alrededor del «O». Su mundo y la idea que tenía de sí misma se disolvieron como un azucarillo aquella noche.

Ronda entró en una espiral tan negativa que admitió, en la única entrevista que ofreció tras la caída, que llegó a plantearse acabar con su propia vida. Tras meses de duelo y trabajo personal, volvió a la UFC más de un año después para intentar recuperar el título. La campeona ya no era Holm, sino la brasileña Amanda Nunes.

Esta pelea duró aún menos que la anterior. La excampeona perdió por KO técnico a los 48 segundos. Ese cambio de 12-0 a 12-2 fue tan duro de asimilar para Ronda que jamás quiso volver a subirse al octágono. No ofreció más entrevistas públicas sobre su retirada ni hizo anuncio formal; simplemente decidió esfumarse para no regresar.

Aquel KO recibido siendo campeona le afectó más de lo que a nadie nunca le afectó una derrota, y jamás pudo reconstruirse por completo después de un hecho tan traumático que removió los cimientos más fundamentales de su identidad.

RENAN BARAO:
LA CAÍDA SIN EXPLICACIÓN

Ningún otro peleador ha competido en la UFC con una racha de victorias como la de este brasileño, quien logró sumar treinta y dos consecutivas.

Barao alcanzó esa mágica cifra a los veintisiete años mientras presumía de ser campeón de peso gallo. En aquel momento, incluso Dana White lo señalaba como el mejor libra por libra del mundo.

Aterrizó en la compañía con un fantástico 25-1, siendo esa única derrota la de su debut profesional.

Barao tuvo un inicio arrollador. Ganó sus tres primeras peleas de forma tan convincente que, de inmediato, se le concedió la oportunidad de luchar por el título interino ante Urijah Faber. Barao lo ganó y, por culpa de las lesiones recurrentes del campeón indiscutido, Dominick Cruz, tuvo que defender ese cinturón interino en dos ocasiones, ambas por finalización.

Finalmente, tras otra recaída del campeón oficial, la UFC decidió arrebatarle el cinturón a Cruz y ascender a Barao a campeón indiscutido de las 135 libras. Ya con el título absoluto, defendió el cinturón de nuevo ante Faber, a quien finalizó vía nocaut técnico en el primer asalto.

Era el momento más dulce de su trayectoria. El de Brasil se encontraba en la cima del deporte, y, con los mejores años de su carrera aún por delante, nadie anticipó la brutal caída que estaba por venir

En su siguiente defensa, programada inicialmente contra otro rival, el destino le puso enfrente a un sustituto de última hora: T. J. Dillashaw. Las apuestas estaban siete a uno a favor del campeón, y pocos imaginaban que aquel casi desconocido norteamericano pudiera suponer una amenaza a su reinado. Sin embargo, lo que ocurrió en el UFC 173 fue una de las mayores sorpresas en la historia de la compañía. Dillashaw dominó todo el combate y finalizó a su rival en el quinto asalto. Tras nueve años sin conocer la derrota, Barao decía adiós a su histórica e inigualable racha.

Lo que podría haber sido un simple tropiezo terminó convirtiéndose en el principio del fin. Barao tuvo una victoria de por medio, pero, en la revancha, Dillashaw le volvió a pasar por encima, todavía con más contundencia.

Intentó reencauzar su carrera subiendo al peso pluma, con la esperanza de que evitar los cortes brutales de peso le devolviera algo de frescura, pero aquel campeón dominante ya no existía. Combate tras combate, el brasileño fue acumulando derrotas y perdiendo la confianza que antes lo hacía invencible.

Lo más dramático es que no hablamos de un veterano que cae cuando el cuerpo ya no le responde. Barao se desplomó justo en la edad en la que, en teoría, debía estar en su máximo esplendor. De ese 32-1 en 2014 pasó, en 2019, a un 2-8 en sus últimas diez peleas, con cinco derrotas consecutivas para cerrar su etapa en la UFC.

De esta forma, un campeón que parecía destinado a ser historia viva del deporte quedó en el olvido para la gran mayoría de los fans de la UFC.

CHUCK LIDDELL: DE CAZADOR A PRESA

Chuck no fue la primera gran estrella de la UFC por casualidad. El norteamericano tuvo su última victoria por nocaut en 2006 y, hasta el día de hoy, nadie ha podido superar su increíble marca de KO consecutivos.

Tras un paso intermitente en sus primeros años como profesional, Liddell se asentó en la compañía a principios de los 2000, donde empezó a mostrar los destellos de la carrera que medio mundo admiraría después. Tras siete victorias sucesivas, cuatro de ellas por finalización, Chuck tuvo su pelea por el título interino ante Randy Couture tras la negativa de Tito Ortiz a enfrentarse a él.

Chuck cayó a manos de Couture para posteriormente abandonar por última vez la compañía.

Fue en su regreso definitivo cuando todo cambió. El estadounidense se embarcó en una serie de victorias que lo llevaron a superar por primera vez la barrera del nicho de las MMA y convertirse en una figura pública.

Su poder de golpeo alcanzó otro nivel en 2004, cuando noqueó a todos sus rivales hasta diciembre de 2006. En ese histórico periplo, Chuck se convirtió en campeón de las 205 libras, defendiendo su cinturón en hasta cuatro ocasiones. Todas esas finalizaciones, y sus victorias ante rivales como Tito Ortiz y Randy Couture, impulsaron al campeón hasta el estrellato. Gracias a él, la compañía alcanzó una nueva dimensión. Las imágenes de Chuck apagando las luces de sus rivales como si fuera un superhéroe captaron la imaginación de un gran público ajeno al deporte que quedó ensimismado.

Pero llegó el turno del campeón de probar su propia medicina. Liddell vio cómo el título cambiaba de manos tras caer noqueado ante Quinton «Rampage» Jackson en el primer asalto.

Aquella derrota fue el inicio del fin. Hasta ahí llegó la épica epopeya de Chuck Liddell. Perdió su siguiente combate, y aunque luego logró una victoria por decisión, esa terminaría siendo la última de su carrera.

Quien había sido el hombre más temido de la UFC pasó a vivir la otra cara de la moneda, ya que sus tres próximos rivales le noquearon de forma brutal en los años venideros. De un 7-0 que cambió para siempre la historia de la compañía, Chuck se encontró con cuarenta años y un 1-5 en sus últimas seis peleas. Dana White, consciente del riesgo, llegó a suplicarle que colgara los guantes y finalmente lo obligó a retirarse para preservar su salud.

El caso de Chuck es distinto al de otros peleadores de esta lista. Su final fue duro, sí, pero nadie olvida lo que hizo por el deporte en sus mejores años.

Hoy en día, sigue siendo ovacionado cada vez que aparece en un evento de la UFC, a los que asiste con frecuencia para disfrutar de un deporte del que un día fue el máximo exponente.

CONOR MCGREGOR: MORIR DE ÉXITO

El hombre que llegó a ser más grande que el propio deporte. El peleador que traspasó cualquier barrera y alcanzó los oídos de todos los rincones del mundo.

Al igual que figuras como Leo Messi o Cristiano Ronaldo, Conor McGregor fue uno de esos deportistas cuyo nombre todos conocen, aunque no sean seguidores del deporte. A muchos las siglas «UFC» o «MMA» les sonaban a chino, pero el nombre de Conor lo habían escuchado alguna vez.

El irlandés tuvo un breve pero intensísimo periodo de gloria. Su ascenso en el peso pluma antes de convertirse en campeón ya fue lo suficientemente ruidoso como para que su duelo ante José Aldo por el cinturón fuera uno de los más esperados de todos los tiempos. Pero nada se podría comparar con lo que Conor logró a raíz de ese combate. Aquel nocaut en trece segundos contra un hombre que llevaba diez años sin perder dio la vuelta al mundo. Y aunque parecía lo máximo a lo que se podía aspirar, Conor subió la apuesta. Tras su rivalidad con Nate Diaz, hizo historia al convertirse en el primer doble campeón simultáneo en el UFC 205 al vencer a Eddie Alvarez. Aquellas imágenes con dos cinturones fueron el último gran recuerdo de su gloriosa carrera.

Como otros grandes deportistas, Conor abandonó la disciplina que lo había llevado a la cima justo cuando se confirmó que era el mejor. ¿Para qué seguir sacrificando tanto si ya había conseguido todo lo que había soñado? Ese pensamiento quizá es el que le pasó al irlandés por la cabeza después de aquella noche de finales del 2016 cuando logró el doble campeonato, ya que, desde ese día hasta 2025, McGregor solo ha podido ganar una pelea.

Su marcha al boxeo en 2017 para enfrentar a Mayweather dolió a los fans de las MMA, pero se entendió perfectamente que quisiera ganar la mayor bolsa de su vida ante una leyenda como Floyd. Tras embolsarse unos cien millones de dólares, McGregor definitivamente cambió la forma de vida que lo había hecho campeón por otra menos profesional. No volvió a la UFC hasta dos años después para ser avasallado por Khabib Nurmagomedov, pero, contando todavía con treinta años, aún quedaban esperanzas de verle de nuevo en la cima.

Sin embargo, Conor parecía estar centrado en otras cosas, y volvió a pasarse otros dos años más sin competir. No obstante, poco antes de su regreso contra Donald Cerrone, pareció haber dado un giro a su vida. Se le veía sano, con mejor cara, y su rápida victoria ilusionó a todos los fans. Por desgracia, aquella victoria fue un espejismo.

El COVID llegó y, tras otro año de espera para poder verlo en acción, cayó noqueado por Dustin Poirier en la revancha. Para rematar, meses después, en la trilogía, se rompió la pierna.

Resumiendo: entre los veintisiete y los treinta y dos años, la edad perfecta para un peleador, McGregor solo compitió cuatro veces y pasó mucho más tiempo en la pista de baile que en el gimnasio.

Espero y deseo de corazón que el peleador que enganchó a tantas personas a este deporte, como a mí, pueda vivir su vida con salud, independientemente de que vuelva o no a subirse a un octágono.

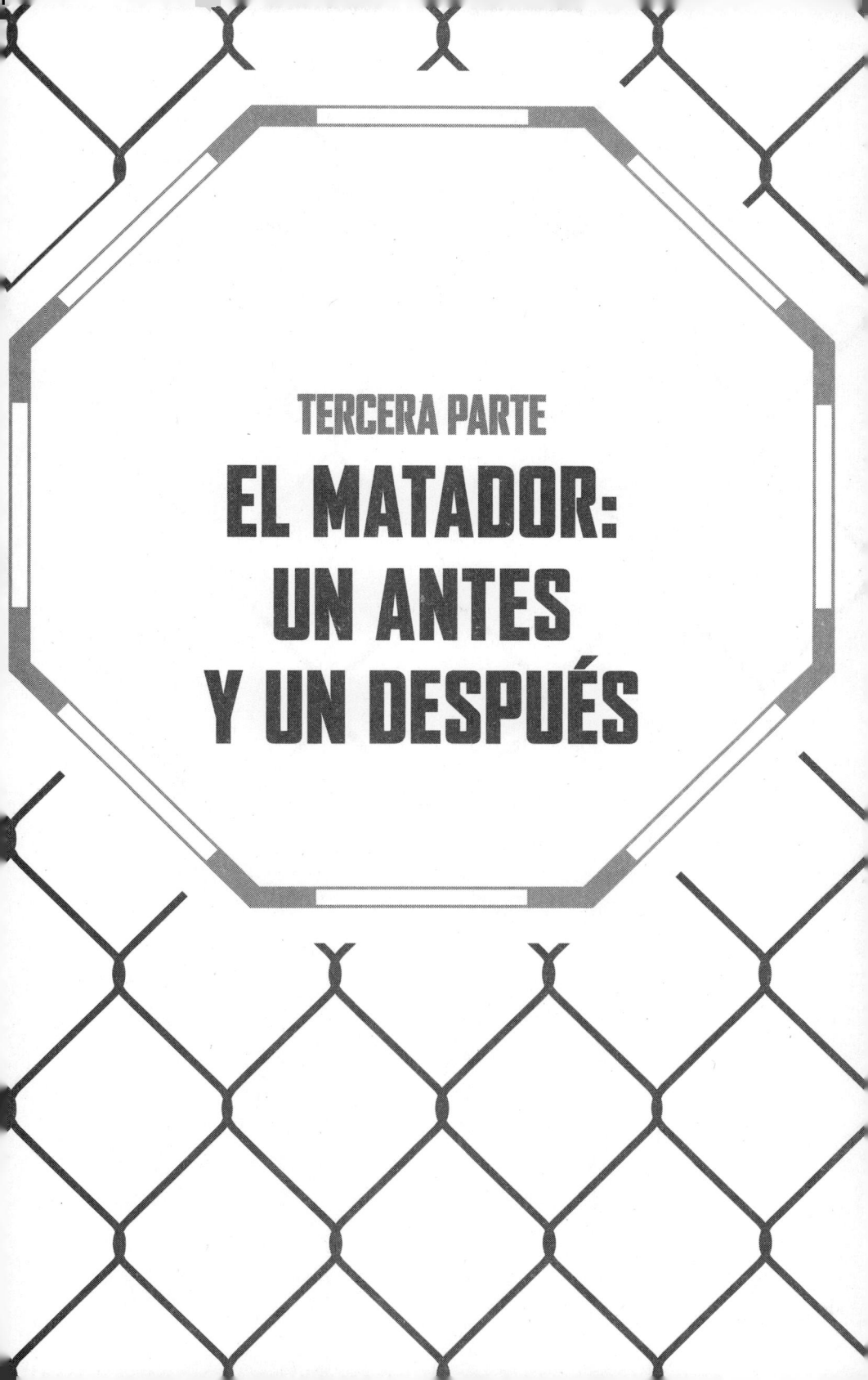

TERCERA PARTE
EL MATADOR: UN ANTES Y UN DESPUÉS

13
ILIA TOPURIA: UN ANTES Y UN DESPUÉS PARA LAS MMA EN ESPAÑA

Ninguna de las líneas que acabas de leer habría tenido sentido en un libro como este si no fuera por el granito de arena de tantas personas que han llevado a las MMA al mejor momento de su historia en España.

Me gustaría hacer una mención especial a todos los peleadores españoles que han podido subirse, al menos una vez, al octágono más famoso del mundo en una pelea oficial: Alberto Cerro León, un nombre algo olvidado pero que participó en el UFC 2 hace más de treinta años; Enrique «Wasabi» Marín, primer español en pelear en la UFC moderna tal y como la conocemos hoy en día; Juan Espino, primer español en ganar una pelea en la UFC; Joel Álvarez, Dani Barez, Aleksandre Topuria y, en los meses posteriores a los que escribo esto, Hecher Sosa, que debutará oficialmente tras ser el primer español en firmar con la compañía vía victoria en el Dana White Contender Series. Abner Lloveras, por su parte, pudo competir en el reality show del TUF, pero no llegó a debutar en la UFC. Las MMA les deben mucho a todos esos nombres, pero también a los gimnasios y entrenadores que los llevaron hasta lo más alto del deporte.

Fecha	Rival	Evento	Categoría	Resultado
04/04/2015	Francisco Asprilla	West Coast Warriors	Peso pluma	Victoria (sumisión, R1)
09/05/2015	Kalil El Chantibi	Climent Show MMA 4	Peso pluma	Victoria (sumisión, R1)
07/05/2016	Daniel Vasquez	Mix Fight Events	Peso pluma	Victoria (sumisión, R1)
05/11/2016	Jhon Guarin	Mix Fight Events	Peso pluma	Victoria (sumisión, R2)
28/04/2018	Mika Hämäläinen	CAGE 43	Peso pluma	Victoria (sumisión, R1)
16/06/2018	Brian Bouland	Cage Warriors 94	Peso gallo	Victoria (sumisión, R1)
07/09/2019	Luis Gómez	Brave CF 26	Peso pluma	Victoria (sumisión, R1)
15/11/2019	Steven Gonçalves	Brave CF 29	Peso pluma	Victoria (KO, R1)
10/10/2020	Youseff Zalal	UFC Fight Night	Peso pluma	Victoria (decisión unánime)
05/12/2020	Damon Jackson	UFC Fight Night	Peso pluma	Victoria (sumisión, R1)
11/07/2021	Ryan Hall	UFC 264	Peso pluma	Victoria (KO, R1)
19/03/2022	Jai Herbert	UFC Fight Night	Peso ligero	Victoria (KO, R2)

Fecha	Rival	Evento	Categoría	Resultado
10/12/2022	Bryce Mitchell	UFC 282	Peso pluma	Victoria (sumisión, R2)
24/06/2023	Josh Emmett	UFC on ABC 5	Peso pluma	Victoria (decisión unánime)
17/02/2024	Alexander Volkanovski	UFC 298	Peso pluma	Victoria (KO, R2)
26/10/2024	Max Holloway	UFC 308	Peso pluma	Victoria (KO, R3)
28/06/2025	Charles Oliveira	UFC 317	Peso ligero	Victoria (KO, R1)

En esa lista, por supuesto, falta un nombre. Un atleta que parece encaminado a ser considerado, en un futuro, como uno de los mejores deportistas españoles de toda la historia.

Ilia «el Matador» Topuria es el mejor peleador español de todos los tiempos, y cuesta mucho creer que algún otro pueda igualar los hitos que el hispanogeorgiano ya ha logrado en la UFC.

Ilia Topuria nació en Alemania en 1997, hijo de padres georgianos, quienes, poco después, regresarían a su país de origen. Fue en Georgia donde pasó su infancia y donde conoció los deportes de contacto gracias a la lucha grecorromana. Durante varios años, Ilia y su hermano Alek permanecieron en Georgia mientras sus padres emigraban a España, una etapa que, sin duda, marcó su carácter y en la que forjó una base mental poco común desde muy joven.

A los quince años, Ilia se trasladó definitivamente a España para reunirse con sus padres, estableciéndose en Alicante. Allí se encontró con una realidad inesperada: no existían gimnasios donde pudiera continuar con la lucha grecorromana por mucho que buscaron. Ese obstáculo terminó siendo el punto de inflexión más importante de su vida.

Un día cualquiera, su madre se cruzó en un autobús con un hombre que presentaba las conocidas «orejas de coliflor», una deformación habitual en luchadores y practicantes de deportes de contacto. Intuyendo que entrenaba en algún gimnasio, le preguntó dónde lo hacía. La respuesta fue el Climent Club.

A través del Climent Club, Ilia descubrió las artes marciales mixtas, incorporando el boxeo y el *jiu-jitsu* brasileño a la base de lucha que ya traía de Georgia.

Desde el principio, quedó claro que su talento era algo diferente al del resto y, convencido de que el deporte era su camino, decidió apostar todo por esa vía, dejando de lado los estudios, siempre con el permiso de sus padres. Durante sus primeros años en España, compaginó entrenamientos con trabajos como guardia de seguridad, cajero, dependiente o instructor de *grappling*, todo para poder sostener su preparación deportiva.

Más allá del talento dentro del octágono, lo que diferenció a Ilia Topuria desde el inicio fue su mentalidad. La disciplina, el sacrificio y la fe que hoy verbaliza no son conceptos de marketing nacidos del éxito ni mensajes construidos *a posteriori*, sino valores que adoptó desde bien joven y que guiaron cada paso de su carrera hasta llegar a lo más alto.

Con esa determinación, Ilia llegó a la UFC con un récord profesional de 8-0. Pero ese invicto no surgió de manera cómoda ni lineal. Sus primeras cuatro victorias se produjeron en España, en una etapa en la que las MMA todavía tenían un recorrido muy limitado y apenas ofrecían margen de crecimiento para un peleador con ambición internacional. Entendiendo pronto ese techo, Ilia tomó una decisión clave: salir del país para continuar escalando.

Las cuatro peleas siguientes las disputó fuera de España (Finlandia, Bélgica, Colombia y Baréin), fortaleciendo así su perfil fuera del circuito local.

Ese recorrido fue el que terminó por situarlo en el radar de las grandes promotoras y, en plena pandemia, recibió la llamada más esperada: la UFC. El resto es historia.

En esa «lucha» que previsiblemente tendrá por ser considerado uno de los grandes del deporte nacional, se medirá con otros atletas con los que comparte camino.

El fenómeno Topuria para las MMA es equiparable al que vivió España dos décadas atrás con tipos como Pau Gasol, Rafael Nadal o Fernando Alonso. Baloncesto, tenis o Fórmula 1 pasaron de ser deportes de nicho a convertirse en banderas nacionales tras la irrupción de esos tres históricos. **Toda disciplina necesita un buque insignia para romper la barrera del nicho y convertirse en un deporte seguido por millones de nuevos aficionados.**

Es imposible de cuantificar en un número exacto, pero, al igual que muchos niños quisieron en su día llegar a la NBA, competir en F1 o ganar un Roland Garros gracias a los éxitos de sus referentes, hoy existen miles y miles de chavales que se han apuntado a clases de boxeo, BJJ, *grappling* o directamente MMA impulsados por su ídolo Topuria.

El efecto llamada provocado por el hispanogeorgiano solo hará que el deporte se profesionalice aún más, con mayores garantías de éxito y más posibilidades de ver a nuevos peleadores en la UFC, lo que aumentará la atención mediática. La bola creada por Ilia puede continuar durante décadas.

El éxito de Topuria también ha sido un espaldarazo brutal para las promotoras españolas de MMA y para la organización de veladas. Antes, los eventos locales atraían a públicos modestos y tenían poca difusión fuera del nicho. Ahora, podemos ver prácticamente cada mes cómo promotoras como WOW, WAR o AFL atraen a miles de aficionados a las gradas para disfrutar de eventos que, apenas cinco años atrás, eran impensables.

Un indicador final de la profesionalización y la popularidad alcanzadas es que la misma UFC está considerando seriamente organizar eventos en España, algo que nunca ha hecho. El propio Dana White ya ha confirmado en múltiples ocasiones que llevará su promotora al país, y parece que será más pronto que tarde. Lo que puede suponer para el deporte ver las siglas UFC en ciudades como Madrid, Barcelona o Valencia es incalculable.

Ilia ha logrado eso y de una forma increíble. Lo ha conseguido, además, no solo por sus hazañas dentro del octágono, sino por su buen hacer fuera de él.

El «fenómeno Topuria» trasciende lo deportivo y ha cobrado un significado cultural y simbólico profundo en España. Para muchos, Ilia representa un nuevo tipo de ídolo nacional, que encarna valores de perseverancia, disciplina y orgullo patrio. Su historia, la de un joven nacido en Alemania, de padres georgianos, criado en Georgia y adoptado por España, donde se formó como atleta, también resuena con la de tantos otros inmigrantes plenamente integrados en la sociedad española que sienten la bandera como suya. En tiempos donde la integración y la identidad multicultural están tan presentes, Topuria encarna la idea de que ser español trasciende el lugar de nacimiento.

A su vez, Ilia está ayudando como nadie a derribar prejuicios asociados a las MMA y a los deportes de contacto, los cuales cargaban con un estigma de violencia difícil de eliminar y que hoy parece ya algo del pasado.

El hecho de que en 2024 el presidente del Gobierno, Pedro Sánchez, lo recibiera en la Moncloa y le otorgase oficialmente la nacionalidad española, o que la Comunidad de Madrid lo nombrara «Embajador contra las drogas y el *bullying*» en 2025, es ilustrativo de que los tiempos han cambiado, y mucho.

Nada de esto habría sido posible sin las hazañas del Matador dentro del octágono, por muchos valores que mostrara fuera de la competición.

En este libro han aparecido decenas de peleadores cuyas trayectorias están grabadas en piedra dentro de la historia de la UFC, pero ninguno de ellos puede presumir de algo que solo Ilia ha logrado desde la fundación de la compañía en 1993: tras su impresionante victoria por KO ante Charles Oliveira en el UFC 317, se convirtió en el primer peleador de la historia en capturar dos cinturones manteniendo un récord invicto.

Esa victoria en el verano de 2025 lo consagró, además, como la mayor estrella mediática de la compañía y como el peleador número uno del mundo en la lista oficial libra por libra.

Su ascenso hasta el olimpo del deporte fue meteórico. Uno tras otro, todos sus oponentes caían derrotados ante el autodenominado «peleador de nueva generación», que hacía valer sus palabras en cada combate. Sin embargo, lo que significó la explosión total de la figura de Ilia Topuria y la gran expansión de las MMA en España fueron sus tres primeras peleas por el campeonato. Sus KO consecutivos a Alexander Volkanovski, Max Holloway y Charles Oliveira ya forman parte del recuerdo eterno de cualquier aficionado. Muchos alegan que esa trilogía de victorias es la mejor racha de tres peleas de todos los tiempos. Un peleador de peso pluma o ligero que parece golpear como un peso pesado y con un nivel de boxeo que, según él, le permitiría competir también con los mejores del mundo en esa disciplina.

Esto último no es menor: el hispanogeorgiano, aun teniendo por delante varios retos en la UFC, también tiene sus ojos puestos en un futuro salto al boxeo para probarse ante quien sea el rey del deporte cuando llegue la hora y demostrar que es igualmente capaz de alcanzar la cima en otra disciplina. Conor McGregor lo intentó ante Floyd Mayweather en 2017 y perdió, sí, pero se llevó una bolsa de cien millones de dólares. Una derrota bastante dulce.

Un servidor espera y desea que continúe en la UFC durante algunos años más, pero me temo que, como el propio Topuria ha reconocido, su estancia en las MMA no será tan longeva como la de muchos de sus compañeros de profesión. Bien que hace. Los deportes de contacto son duros, y si logra despedirse del deporte como planea, siendo invicto y triple campeón de la UFC, me atrevo a decir que no habrá ningún otro peleador capaz de igualar tal gesta.

Hoy, el nombre de Ilia Topuria en España es aún más grande que el propio deporte. Este libro sería imposible de concebir sin una figura como la que él representa. Los españoles tenemos la inmensa suerte de que un deportista de época lleve nuestra bandera a lo más alto ante los ojos del mundo. Los aficionados a las MMA le debemos gratitud eterna al mejor peleador español de artes marciales mixtas de la historia… y quién sabe si, a la larga, al mejor de todos los tiempos.

Epílogo

Creo que es complicado leer este libro y quedar indiferente ante este deporte. Y no lo digo por mi pluma, sino por el contenido que encierran estas páginas.

Un deporte que durante años fue marginado, ridiculizado y casi prohibido es hoy uno de los más lucrativos del planeta. Considero que la magia de todo está en que, una vez que entras en esto de las MMA, ya no se van a ir.

Ha sido difícil escoger qué historias incluir en el libro y cuáles dejar fuera, pero confío en que el camino que hemos hecho juntos haya servido para despertar tu interés por las artes marciales mixtas y por la UFC, para reforzar una pasión ya existente o, incluso, para recuperar una que tal vez se había ido apagando con el tiempo.

Sin duda, el aficionado a la UFC siente una conexión

mayor con sus deportistas que con otros deportes. El hecho de subirte a un octágono con la certeza de que enfrente tienes a uno de los mejores peleadores del mundo dispuesto a dejarte inconsciente delante de millones de personas es algo que muy pocos están dispuestos a asumir. Y eso, inevitablemente, se percibe desde fuera.

Me gusta mucho el fútbol, pero me cuesta situarlo en el mismo plano que un deporte como las MMA, donde dos atletas formados en múltiples disciplinas de combate se enfrentan con el objetivo de imponerse física y mentalmente al otro dentro de un marco reglado.

La intensidad que sentimos como aficionados al saber que un solo error puede decidir un combate en cuestión de segundos es difícil de igualar en cualquier otro deporte. En un instante, un peleador puede alcanzar la gloria o hundirse en el infierno más profundo tras perder la mayor oportunidad de su vida.

Todo lo visto en este libro forma ya parte del pasado de la UFC. A partir de aquí, solo queda mirar hacia delante y comprobar si el deporte es capaz de mantener la senda de crecimiento y aceptación que ha recorrido durante la última década.

Es cierto que 2025 no pasará a la historia como uno de los grandes años de la compañía. La UFC parece haberse instalado en una zona de confort en la que la búsqueda de las mejores peleas ya no es una prioridad absoluta, no porque los aficionados hayan dejado de demandarlas, sino porque el negocio continúa creciendo incluso sin ese esfuerzo adicional.

Aun así, todo apunta a que los responsables han tomado nota y que, a partir de 2026, la organización volverá a apretar el acelerador para ofrecer carteleras más ambiciosas de forma constante. Si ese escenario se cumple, las siglas de la UFC (y, por extensión, las de las MMA) seguirán entrando en cada vez más hogares.

No todo el mundo entiende este deporte, ni tiene por qué hacerlo. Las artes marciales mixtas no son para todo el mundo, y está bien así. Basta con que quienes lo sigan sepan por qué siguen aquí. A aquellos que lo siguen no hace falta explicarles nada más.

Gracias por llegar hasta aquí, ¡te espero en mi canal de YouTube!